一本书看懂全球5G格局

A Book on the Global 5G Pattern

考拉看看 著

许洪焱 张奕 执笔

化学工业出版社

·北京·

内容简介

随着韩国、美国、瑞士、英国、中国等国家先后宣布第五代移动通信技术（5G）商用，人类社会正式进入5G时代。不过，就在普通民众开始享受5G带来的种种便利时，绝大多数民众并不知道，在移动通信技术迭代及5G发展的过程中，科技实力强大的国家和拥有领先技术优势的企业，在围绕移动通信的技术标准、市场主导权等诸多方面，一直在明里暗里进行着殊死搏斗。

本书力图用通俗易懂的语言，丰富有趣的案例，从技术标准、抢占流量、博弈未来等多个维度，全景展示全球主要大国之间和电信巨头之间，围绕移动通信技术及5G建设展开的竞争细节和内幕。

图书在版编目（CIP）数据

一本书看懂全球5G格局/考拉看看著. —北京：化学工业出版社，2021.10
ISBN 978-7-122-39718-8

Ⅰ.①一⋯ Ⅱ.①考⋯ Ⅲ.①第五代移动通信系统-市场格局-研究-世界 Ⅳ.①F625

中国版本图书馆CIP数据核字（2021）第161800号

责任编辑：李军亮 万忻欣	装帧设计：王晓宇
责任校对：宋 玮	

出版发行：化学工业出版社（北京市东城区青年湖南街13号 邮政编码100011）
印　　刷：三河市航远印刷有限公司
装　　订：三河市宇新装订厂
880mm×1230mm　1/32　印张6　字数132千字
2022年1月北京第1版第1次印刷

购书咨询：010-64518888　　　　　　　　　售后服务：010-64518899
网　　址：http://www.cip.com.cn
凡购买本书，如有缺损质量问题，本社销售中心负责调换。

定　　价：48.00元　　　　　　　　　　　版权所有　违者必究

PREFACE

殊死的暗战，消费者的福祉

    毫无疑问，全球无线通信行业近几十年的迅猛发展，如礼花一般绚丽多彩，一直吸引着人们的目光。1900年左右，人们曾经设想，一百年后的人类应该上天入地，遨游太空，无所不能。不过这些设想大多没有完全实现，但在无线通信领域，科学技术的发展早已超出了百年前人们的预期。当时的人们肯定想不到，百年以后，人手一个的小方块竟然可以解决从衣食住行到工作娱乐等方方面面的问题，甚至还生生在各个年龄层改造出了一个个"低头族"。如今，无论是地铁上，还是公交车上，甚至原本应该面对面交流的宴会上，人们都已经习惯于刷微博、看直播。

    其实，不光百年前的人们想不到，倒退二三十年，我们自己也很难想象，会有别的科技产品能像一款新发布的智能手机一样，从研发、生产、上市，再到推出下一代新品，始终被无数粉丝和民众关注。而这种现象的背后依靠的重要基础设施，就是不断迭代、功能更加强大的无线通信技术。回溯历史，无线通信在现代社会的基础性、先导性作用，如今早已得到大众的认可。这一切，可以说与詹姆斯·克拉克·麦克斯韦（James Clerk Maxwell）、伽利尔摩·马凯塞·马可尼（Guglielmo Marchese Marconi）和克劳德·艾尔伍德·香农（Claude Elwood Shannon）打下的理论基础密切相关。其中，英国物理学家、数学家詹姆斯·克拉克·麦克斯韦开创性地提出了关于电磁场的完整理论，为人类揭示了电磁世界的神奇和美妙；来自意大利的无线电工程师、企业家伽利尔摩·马凯塞·马可尼则把无线通信的实际应用带入人们的视线，可以说无愧于1909年的诺贝尔物理学奖和"无线电之父"称号；而美国数学家克劳德·艾尔伍德·香农于1938年发表的硕士论文《继电器与开关电路的符号分析》、1948年发表的《通信的数学原理》和1949年发表的《噪声下的通信》，则开启了现代无线通信事业的大门。

当然，能够让无线通信事业取得迅猛发展的，肯定不仅仅是一条条理论的提出，整个无线通信产业界几十年来腥风血雨般的竞争，以及普通大众对外表酷炫且功能更多的无线通信产品的极度渴望，更是推动无线通信行业飞速发展的原动力，为那些天才科学家和企业家们的奇思妙想最终落地插上了翅膀。

在激烈的行业竞争中，借助时代机遇和雄厚的技术实力，诞生了不少巨无霸，有的现在仍然傲立潮头，有的已经退出历史舞台。其中，来自中国的华为公司极具代表性。这家在诞生之初毫无高科技基因的民营公司，三十多年来凭着中国人特有的韧劲和智慧，硬生生在一众欧美公司把握话语权的无线通信领域，一路过关斩将，攀升至行业头部的位置。甚至，因为发展过于迅速，还引发了美国打压、制裁华为的轰动事件。倒退十年，谁能相信会有这样离谱的事情发生，但事情却真真切切地发生了。撇开那些荒诞的理由和做法不谈，单以对手的重视程度而言，华为完全称得上是"欲戴皇冠，必承其重"的绝佳案例了。

不过，除了华为的遭遇外，无线通信领域其实还有无数精彩的戏份随时上演。比如，凭着专利壁垒，坐收30年"高通税"的高通公司，像极了一些动画片里的高傲将军。不过，在"高通税"滋养下的高通公司，其实也很难逃脱"肥胖""迟钝""傲慢"等一系列富贵病。再比如，曾经雄心万丈的摩托罗拉公司，当年的铱星计划何等振奋人心，那时多少人都相信铱星一统全球指日可待。可惜，最后的结果却是，摩托罗拉的步子太大，扯坏了自己的筋。而其他如善于跟随市场变化的韩国三星、无所不能的诺基亚、稳扎稳打的中兴通讯等，都在这出大戏里，贡献了自己最精彩的演出。回看历史，可以说，几乎所有能在无线通信行业崭露头角、领一时风骚的企业或领军人物，都有其过人之处。

国家和企业之间竞争的故事一向残酷，但在这种你死我活的竞争背后，却在客观上为全球普通消费者带来了福祉。几十年来，从可以彰显身份却只能够简单通话的"大哥大"，到如今无所不能、几乎人手一个的智能手机，无线通信行业的发展不仅迅速，还呈现出逐渐加速的趋势。目前，无线通信已经不仅仅是简单通话那么简单了，随时随地、全方位、全维度的连接和交流已经逐步实现，而实现这一目的的手段也不再局限于手机。在已经悄然到来的5G时代，万物互联的功能，将让物体与物体之间的信息交互成为可能，而不仅仅只是人与人、人与物的互动。为了梳理通信技术发展过程中曾经出现和正在发生的重大历史事件，让大众清晰看懂背后的脉络和诱因，我们以刚刚开启的5G时代为基点，回看通信行业的"前世今生"。于是，也就有了这本《一本书看懂全球5G格局》的出炉。

但不管怎样，我们始终应该牢记，在通往未来的道路上，无论是一家公司还是一个人的小小突破，都是整个人类的突破，他们的贡献都值得每个人铭记。而每家企业的失败和教训，也是整个人类的宝贵精神财富。基于此，我们要对所有促成行业变化和时代进步的人和事，表达崇高的敬意。

考拉看看

CONTENTS

第一章
标准诱惑

掌控标准的奥秘	/ 002
ITU：联合国电信业务专门机构	/ 007
3GPP：规范电信技术标准	/ 010
NGMN：运营商的发声平台	/ 015
从未停止的争斗	/ 018

第二章
流量为王

国家利益至上	/ 036
开端：1G 及 2G 功能单一	/ 040
腾飞：3G 大放光彩	/ 045
豹变：4G 改变生活	/ 049
革新：5G 改变社会	/ 054

第三章 多国暗战

为什么要发展 5G	/ 060
5G 的关键支撑技术	/ 062
5G 商用前追后赶	/ 078
网络部署折射真正实力	/ 082

第四章 群雄逐鹿

国家战略层面的引导作用	/ 094
城头变幻大王旗	/ 104
5G 设备巨头之间的对决	/ 123
基带芯片各有优势	/ 144

第五章
未来已来

5G 产业链日渐完整	/ 156
5G 商用时间缘何争先恐后	/ 161
并不遥远的 6G	/ 164
下一代颠覆性技术还有吗	/ 171

后记	/ 177
参考文献	/ 181

第一章

标准诱惑

企业界有一句很经典的名言,叫"三流企业做产品,二流企业做品牌,一流企业做标准"。

这句名言的意思是说,三流企业的商业模式是做出产品,通过提高产品的质量来保持自己的竞争优势。但是,产品创新其实是一件很困难的事,企业的竞争优势不一定能持续,因此它很容易受到其他同行的围攻和打压;而二流企业,主要通过营销、内部管理、质量管理、文化打造来树立自己的品牌,以品牌赢得受众,谋求优势。但是做品牌的企业,在面临行业规则发生变化时,需要根据市场变化,及时做出改变,以适应新的市场需求,否则就算是已经成功的巨无霸,也有可能在一夜之间倒下;只有一流企业,它是行业的领头羊,它是规则的制定者,只要其他企业身处这个行业,那就必须按照它的规则来做,因此它是王者,有"君临天下"的风范。

其实,"三流企业做产品,二流企业做品牌,一流企业做标准"这句话也变相地适用于国家间在5G领域的竞争,因为标准就等于话语权。

掌控标准的奥秘

众所周知,工业产品很容易进行规模化生产,获得规模优势,而农业产品则刚好相反,很难做到规模化生产。究其原因,核心在于能否建立起一套行之有效的统一标准。

在现代社会中,可以毫不夸张地说,谁掌握了标准的制定权和使用权,谁就拥有强大的话语权。这一点,无论对国家、对企业,还是对个人,都适用。

一、《巴别塔故事》的启示

在《圣经·旧约·创世纪》中有这么一个故事。

当人类社会遭遇大洪水的劫难后,天空中出现了美丽的彩虹。上帝为了不再毁坏有血有肉的生物,便与地上的人们约定,以彩虹为标志,不再发洪水危害大地。

于是,人类自此都讲同一种语言,即亚当语。

诺亚一家被上帝选中,作为人类的种子保留下来。后来,诺亚的子孙越来越多,遍布大地,人类又开始向东迁徙,在示拿地(古巴比伦)的平原地区安顿下来。

有一天,有一个人突然向大家提了一个问题:"我们怎么知道以后不会有洪水威胁大地了呢?"

"这有彩虹啊。"有人回答。

"可是我们也不能把自己的性命和子孙的前途寄托在这个彩虹上啊。"另一个人提出担忧。

人们沉默了。后来大家一致决定要建造一座高塔,让塔顶通天,免得人类全都分散在地面上。

说干就干,因为人类语言相通,信息的沟通没有丝毫障碍,这座高塔,也就是巴别塔(意为通天塔)的建造十分顺利。

然而上帝对这件事却十分愤怒,因为他觉得自己的誓言受到了人类的怀疑。为了惩罚人类，上帝改变了人类的语言，使人类因为语言不通而散居各处。

没有了统一的语言，信息交流成了人类社会沟通的巨大障碍，通天塔的修建也受到了严重的阻滞，最后不得不半途而废，上帝达到了他的目的。

从这个故事中，我们可以清楚地看出统一标准的重要性。所以说人类信息技术的互连互通，就像修建那座高耸入云的巴别塔，必须要有统一的语言，以及一套统一的标准，各国不得各自为政。否则，人数再多，也只是一盘散沙，彼此的交流和沟通始终受到一定限制。

二、标准就是话语权

从巴别塔的故事中，我们可以看到，标准就是话语权。在竞争激烈的高新技术领域，这句话折射出来的意义更是非同小可。

以作为基础通信设备的手机为例，现在全世界的手机能够互相连通，就是因为其背后有一个标准作为技术支撑。而这个标准的制造者，就是通信行业话语权的主导者。

通信行业和巴别塔一样，在发展初期，各个企业的产品使用不同的"语言"，即不同的标准，不同国家的通信模拟系统互不兼容，使得不同国家的民众很难通过通信产品进行交流，当不同国家的民众很难使用通信产品和另一个国家的民众进行交流时，这无疑是一件不应该的事情，不但会带来交流沟通的极大不便，还会严重阻碍全球通信业的健康发展。

为了修好通信行业这座"巴别塔"，各国的管理者、行业人士和民众都意识到,人们必须用同样的标准,说同样的"语言"。

既然要说同一种"语言",那到底用谁家的呢?大家互不统属,彼此的地位平等,如果用了甲的标准,乙就必须按照甲的规则办事,乙必然不服。反之,如果采用乙的标准,甲也不服。毫无疑问,大家都希望这个标准是自家的。

悬而未决的状态磨光了大家的耐心,于是有人提议,大家坐下来,共同研究,共同开发,或者谁的技术性能更优,那就采用谁家的。很显然,这个提法相对公平合理,大家没有异议,顺利通过。

但是,新的问题又来了。因为"标准制定者"的诱惑实在是太大了。谁是标准的制定者,谁就掌控了话语权,也就可以不费精力、不费周折地获取种种好处。以5G手机来说,谁成了5G标准的主导企业,谁就能凭借相关标准和专利授权毫不费力地赚取利益,因为别人使用5G手机,都要向你支付专利费,而且你还能影响行业的市场格局。

正因如此,各大电信巨头磨刀霍霍,而主要国家的政府也没闲着。因为主导了标准制定,得利的绝不仅仅是相关企业,至高无上的国家利益才是关键。例如一个国家和企业获得了通信技术的主导权,就可以减少对国外技术的依赖,增加了和别国讨价还价的筹码,并能在全球竞争中占据战略制高点。当然,从历史经验来看,成为标准的制定者,对本国经济的贡献也绝不可小觑。

而在无线通信技术的发展进程中,技术标准的争夺一直很激烈。众所周知,标准化对于一个行业乃至一个国家的发展,其重要性不言而喻。早在秦始皇统一六国时,秦王朝就明白"书同文,车同轨,度量衡统一"的强大威力。往近了说,1G时代,因为当时的无线通信行业没有全球统一的标准,不同国家和地区的移动通信设备不能漫游,这不但造成了极大的资源浪费,影响了用户体验,更是限制了行业的发展。所以,从那以后,制定全球通用的无线通信标准就成了发展新一代无线通信网络的先决条件。

因为掌握统一标准的主导权涉及的利益实在巨大,具备条件的通信企业无不早早参与其中,期望通过参与通信标准的制定,使自身在竞争之初就处于有利位置。

这其中的一个生动例子是,2018年5月,中国国内一些网络社交平台开始出现一些"联想在5G通信协议的标准投票大会上,没有投票给华为,导致美国高通公司的编码方案成为5G行业标准,中国痛失发展良机"的帖子,一时间,网络上下舆论汹汹,使得联想公司和华为公司都专门就此事发表声明。

而梳理事件经过,人们发现,这不过是一件2016年发生的旧闻。起因不过是3GPP在2016年8月、10月、11月分别就5G信道编码技术选择举行的正常会议。在这三次会议中,2016年8月的第一次会议,与会人介绍了LDPC、Polar、Turbo2.0三种信道编码技术,其中,LDPC技术是以高通为主的一些美国企业提出来的,Polar技术是以华为为主的中国企业提出来的,而Turbo2.0技术是以法国为主的一些欧洲企业提出来的。

到2016年10月的第二次会议时,经与会企业代表投票决定,Turbo2.0技术被排除在外,LDPC技术被确定为5G网络的数据信道长码编码方案,而数据信道的短码编码方案则暂未确定。据专家介绍,LDPC技术之所以能获得通过,主要原因在于LDPC技术提出的时间较长,技术更成熟,部分专利的保护期即将或已经到期,全球通信设备企业的使用成本更低。可以说,这是大部分参会企业的共识。

2016年11月第三次会议时,5G网络控制信道的短码编码方案经投票,由Polar技术主导,而数据信道的短码编码方案依然由LDPC技术主导,也就是说,华为公司和高通公司各获得了一半的主导权。这本来只是一起全球通信企业针对5G技术标准,在3GPP框架下,坐下来友好协商、理性选择的正常会议,但经网络舆论推波助澜后,竟然演变成了一场针对联想民族立场的巨大风暴,还引得联想和华为两家公司分别郑重发表声明。这说明,技术标准掌握在谁的手上,已经成为普通大众也会关注的焦点,其中的利害关系不言而喻。

如今,部分国家已经开始5G的商用,普通民众也感受到了5G技术带来的便利,但在无线通信技术快速发展的背后,制定标准的组织主要有三个,分别是国际电信联盟(ITU)、第三代合作计划(3GPP)、下一代移动通信网络联盟(NGMN),下面我们分别来认识一下。

ITU:联合国电信业务专门机构

如果说,无线通信技术是一个逐渐进化的过程,与4G技术类似,5G的技术标准也是在2G、3G、4G的基础上发展起来的,而指导和推进通信技术迭代变化的,最重要的标准化组织有两个:ITU(国际电信联盟)和3GPP(第三代合作计划)。这当中,ITU是联合国主管电信业务的机构,具有155年的悠久历史,它主要由电信标准化部门(ITU-T)、无线电通信部门(ITU-R)和电信发展部门(ITU-D)三个部门组成,这三个部门之下又设立多个研究组,每个研究组为了不同的目标设立多个工作组。5G的相关标准化工作就是在ITU-R WPSD下进行的。

ITU-R WPSD设立之初,就是一个专门为了研究和制定移动通信标准IMT的组织。ITU-R WPSD为了达成这一目的,下设了三个常设工作组,其中包括:总体工作组、频谱工作组和技术工作组,后来,为了补充不足又设立了一个特设组,也就是工作计划特设组。

根据国际电信联盟(ITU)的工作流程和计划安排,每一代移动通信技术国际标准的制定过程都需要解决业务需求、频率规划和技术方案三个方面的问题。据国际电信联盟(ITU)2015年对外发布的IMT-2020工作计划,5G的工作时间表可以划分为三个阶段。

第一阶段,从提出计划截至2015年底,国际电信联盟无线电通信部门要完成IMT-2020国际标准前期研究,重点是完成5G宏观描述,包括5G的愿景、5G的技术趋势和国际电信联盟(ITU)的相关决议,并在2015年世界无线电大会上,为5G实际应用提供必要的频率资源。根据世界无线电通信大会的研究,5G必须采取新型频谱,包括毫米波和已有频谱的动态共享,这一目标牵扯的利益攸关方众多,但又不得不做,因此可以说是困难重重。

第二阶段,从2016年到2017年底,国际电信联盟的相关部门要完成5G技术性能需求和评估方法研究等内容。形象一点说，就是这一时期的工作，要为5G的顺利诞生提供合适的"产房"。

第三阶段，收集5G候选方案。按照国际电信联盟（ITU）的时间表，各个国家和国际组织从2017年底开始，就可以向国际电信联盟（ITU）提交候选技术了。可以说，这是各个国家和国际组织最为看重的阶段，预示着各个国家和企业要进行正面交锋了。国际电信联盟（ITU）收到这些候选技术后，组织各国电信专家对候选技术进行技术讨论和评估。无疑，这也是一个各方博弈和妥协的过程。除了技术的先进性和可持续性以外，各种经济、政治因素也会掺杂其中。最终，国际电信联盟（ITU）在2020年底公布5G的正式标准。由此，5G也被称为IMT-2020计划。

当前，国际电信联盟（ITU）5G愿景已经成型，确定了8个5G关键能力，分别是峰值速率、用户体验速率、区域流量能力、网络能效、连接密度、时延、移动性、频谱效率。

此外，国际电信联盟（ITU）还明确了5G通信网络的定义，即未来5G网络的空口速率将达到20Gbps（信道的传输能力），而且5G网络要有能够在1平方千米范围内连接超过100万台物联网设备的能力，要为每一台设备提供不低于100Mbps的数据传输速度。

事实上，国际电信联盟（ITU）已经在2018年的韩国平昌冬奥会上演示了部分5G技术。韩国KT公司作为当时的官方赞助商，侧重展示了5G技术在游戏方面的应用，表现相当惊艳。根据计划安排，5G网络国际频谱也已经在2019年开始分配。

而在5G网络逐渐开始在全球各国落地之后，国际电信联盟（ITU）又开始谋划下一代无线通信网络的研发。2020年2月，第34次国际电信联盟无线电通信部门5D工作组,在瑞士日内瓦举行了八天的专门会议,此次会议着重讨论了各电信大国和电信企业提交的下一代无线通信技术愿景的提案,以及一些知名专家关于未来通信技术趋势的研究报告,通过充分讨论,初步形成了关于未来6G网络的研发时间表,这也就表明,在将来6G网络技术的研发中,国际电信联盟(ITU)仍然要继续发挥重要的领导、协调和指导作用。

3GPP:规范电信技术标准

3GPP最初成立于1998年12月,是一个产业联盟,是为了让2G网络平滑过渡到3G网络而成立的,即第三代合作计划。它的作用是根据国际电信联盟(ITU)的相关要求,制定更加详细的技术规范和产业标准,规范产业行为。3GPP曾为3G、4G网络的诞生发挥过良好作用,所以,5G网络的规范,仍然要借助它的支持。

那么,3GPP的作用具体是如何体现的呢?可以把全球无线通信组织比作一个大家庭,在这个大家庭里,3GPP就是家中的族长,它说大家该怎么干,大家就要在这个规范里照着规矩干,如果标新立异、不守规矩的话,那就得不到整个家族的支持,甚至会被"逐出家门"。所以,族长认可的规范就是这代通信技术的标准。

3GPP的会员包括3类:组织伙伴、市场代表伙伴和个体会员。该组织前期主要包括一些重要电信大国的权威组织,比如:美国电信行业解决方案联盟(ATIS)、欧洲电信标准协会(ETSI)、中国通信标准化协会(CCSA)、日本无线工业及商贸联合会(ARIB)、日本电信技术委员会(TTC)、印度电信标准开发协会(TSDSI)、韩国电信技术协会(TTA)等,后来随着各国对电信技术的重视,又扩大到40多个国家的500多名成员。

目前,3GPP已启动了5G议题讨论,要求5G无线网络时代不能仅涉及数据服务和语音服务,还要包括移动生态的大连接系统,并关联到无线回程、车联网、无人机等关键业务型服务,以及数字电视广播、汽车服务、M2M/IoT服务,等等。

可以说,在3GPP视角下,5G技术是一个重大的改革,必须要具备五大创新。

第一大创新:毫米波(mm Wave)

为了满足5G网络将来的超大数据量传输,3GPP倡导的第一个创新技术,就是率先使用目前波段较小的毫米波(mm Wave)。根据专家测算和各国频率使用情况,5G网络有希望使用毫米波段中的28GHz和60GHz这两个频段。从现有数据看,使用毫米波频段,频谱带宽可以比上一代移动通信网络宽10倍,传输速率自然得到大幅度提升。

第二大创新:大规模天线技术(Massive MIMO)

Massive MIMO是指大规模天线技术,其中MIMO的英文全称是Multiple-Input Multiple-Output，意思是"多进多出"。简单地说，就是在基站的发射端和接收端，通过设置多个天线，来提升整个通信系统的容量和增大通信信号覆盖的范围，这样，手机的接收能力就变强了，用户体验也就改善了。

第三大创新：波束赋形（Beam Management）

Beam Management意为波束赋形，是对大规模天线技术的重要补充，也是第五代移动通信技术的一大创新。因为如果没有波束赋形技术的话，基站的传输信号是类似于灯泡发光那样，呈全向360度发射的，对于信号使用者而言，既不经济也不准确。

有了波束赋形技术以后，基站就会把发射给用户的信号进行预处理，通过一种复杂的算法把特定的用户信号只发射给特定用户，好像在基站和用户之间有了指向性的波束，所以说，波束赋形技术是改善5G应用的重要技术。

第四大创新：极化码（LDPC/Polar）

3GPP在对5G的研究中早已定义了5G的三大场景，那就是增强移动宽带（eMBB）、超高可靠低时延通信（mMTC）和大连接物联网（URLLC）。

为了满足三大场景之一的增强移动宽带（eMBB），中国华为公司经过长期研究之后，推出了Polar Code（极化码）方案，并在2017年11月下旬，经过3GPP组织内的讨论和投票后，成为5G控制信道的编码方案。而高通主导研究出来的LDPC码则成为数据信道的编码方案。

这同样是一场没有硝烟的战斗。华为和高通为此用尽全力，谁都想要在控制5G标准的征程中拿下重要一城。不过，根据实际测试来看，极化码的优势更明显一些，不仅可以同时满足5G应用中三大场景的需求，还能够使移动网络的频谱使用效率提升10%左右，与毫米波结合使用，最大传输速率可以达到27Gbps。

当然，高通的LDPC码也有其独到之处，作为数据信道的编码方案，对于实现增强移动宽带来说，也大有益处。3GPP选用了这两种编码方案，是为了把移动通信技术提高到新的高度。

第五大创新：AS Layer

从前的4G网络架构已经不能支撑新的5G网络，AS Layer就是专门为了发挥5G网络特性而发展出来的一种新型的架构模式，它可以在实际应用中最多包含5个次载波，也就是说可以应对很多的突发小数据包，保证5G网络内各种设备随时互联，这对于降低控制设备的时延非常重要，对于将来实现物联网和车联网也十分重要。

3GPP对于移动通信网络的标准规范，通常是以制定Release作为版本进行管理的。一般而言，一到两年就会发布一个新的版本，从建立之初的R99，到之后的R4，再到R10、R15等，正是这一个个新版本，指导着全球无线通信技术向前发展。

2018年6月，3GPP在美国举行了全体会议，会上，3GPP的主席代表全会宣布：5G网络独立组网（SA）的通信技术标准业已冻结。而在2017年12月，5G网络非独立组网（NSA）的通信技术标准已先期冻结。这说明，第一阶段全功能完整版的5G技术标准已经完全确定下来，5G网络的实际部署和建设从此可以大规模开始了。

必须说明，这是一个比原计划提前了很多的决定，相比4G的技术标准确定时间，几乎加快了一倍。但由于近几年移动数据量的快速增长，全球很多电信运营商都感受到了4G网络容量日益吃紧的压力，纷纷在不同场合表达了要求加速下一代移动通信网络尽快落地的诉求，甚至某些电信运营商想要先搞出一些区域性的5G技术标准。这个时候，如果3GPP不首先统一确定好下一代移动通信网络的各项技术标准，那必然会拖慢全球下一代移动通信网络的建设步伐。在这种情况下，从2017年到2018年，3GPP快速推动5G各项技术标准的确定也就是顺理成章的事情了。

但5G网络技术标准的确定毕竟是一项复杂的系统工程，这中间不仅关系到纯粹的科学问题，还关系到实际的建设成本和技术传承等各种问题。为了兼顾各方的利益，3GPP审时度势，把5G网络的技术标准分成了独立组网（SA）和非独立组网（NSA）两个阶段。在5G网络建设前期，全球各电信运营商可以先按非独立组网（NSA）的技术标准进行5G网络建设，首先要解决的是运营商们提升网络容量、加快网速的迫切需求，但要完全体现5G网络的各种创新优势，比如：网络切片技术、低时延特性，以及广泛互联等特性，则需要在后期进行独立组网（SA）建设时，才能完全实现。换句话说，3GPP确定的非独立组网（NSA）技术标准相当于是权宜之计，为的是先让整个世界的一只脚迈入5G时代的大门，而独立组网（SA）的技术标准，才是完全的5G技术标准，整个世界在那个时候才会真正体会到5G网络的神奇。而3GPP作为技术标准的确定者，必须始终走在世界前端，确保全球始终使用统一的通信技术标准。

NGMN：运营商的发声平台

在通信领域，还有一个极为重要的组织不得不提，这个组织的名称叫NGMN，指的是下一代移动通信网络联盟。该组织于2006年发起成立，最初的成员都是各国的主要移动通信运营商，包括荷兰KPN、中国移动、法国Orang、英国沃达丰、日本NTT DoCoMo、德国T-Mobile、美国Sprint等。发展至今，NGMN已经吸纳了全球三十余家芯片、仪表、终端、系统制造商和二十余家运营商加入。NGMN的目标是希望下一代移动通信网络的基础设施，也就是5G网络所采用的标准、技术和产品不能一味地好高骛远，要在充分满足用户和市场需求的同时，符合各个电信运营商对网络发展的需求，这样才可以降低移动通信产业的发展风险，做到有序而又高效。否则，不成熟的产品一旦大规模投入使用，必然会造成极大的资源浪费，进而影响行业发展和消费者体验。

下一代移动通信网络联盟（NGMN）可以说体现的是全球运营商的诉求，因为在整个产业链环节中，电信运营商是最贴近用户的，对于用户的各种使用特性最了解。另外，由于各家电信运营商在每一代通信网络的建设上都投资巨大，所以电信运营商总是希望，能够拓展移动通信网络的上下游产业链，开发出更多的应用场景。这也让各电信运营商对市场的需求具有较强的洞察力，使得那些技术力量较强的电信运营商在5G网络建设的策略上，拥有更大的发言权。

正是因为建设成本巨大，网络平台搭建不易，NGMN从运营商的视角出发，希望新的无线通信技术网络平台能够很好地继承和利用现有的通信网络，最好不要发生根本性的变革升级。由此，一方面可以保护好电信运营商以前的投资，不必推倒重来；另一方面，也可以降低重新开发新技术而导致的行业风险，保证上下游产业链有序发展，避免引起整个市场环境混乱。总体来说，就是既要尽可能地降低行业的开发风险，又要能及时有效地满足市场和用户的需要，所以说，NGMN的成立就是在市场需求、电信运营商自身运营需求和技术发展需求之间找到一个平衡点，提出一个能够让各方共赢的解决方案。

NGMN早在2014年6月就开始对5G通信技术进行具体研究，对应5G场景、5G需求、5G架构和5G关键技术，NGMN组织各国专家成立了相应的专门小组进行讨论研究。这种讨论研究一般是指导性和说明性的，不涉及具体的技术和产品，所以只需要以白皮书的形式定期对外发布即可，其他如3GPP、ITU等标准化组织则会把NGMN的意见纳入自己的参考范围。

2015年2月，NGMN发布了《5G白皮书》，这一份白皮书从NGMN的角度阐述了各运营商对5G网络的愿景和需求，以及为了实现这种愿景和需求，应该采取的技术和架构，同时，对频谱应用等相关内容进行了说明。总体而言，NGMN提出的愿景与需求，包括了各大运营商对5G网络性能的要求，表达了运营商对现有技术共存的期望。其他方面，诸如对5G网络的技术方向，包括IP方向的要求，以及在实际应用中的各项技术标准，也进行了相应阐述。

从这份白皮书中可以看出，NGMN既要保证5G网络能够全球漫游，又要更安全地认证，还得从运营商的角度考量出发，要求有更好的计费能力，毕竟这对运营商而言十分重要，因为在5G网络建成后，除了传统的语音业务和数据流量业务外，预计新的业务形式也将大量涌现。比如，VoIP（一种语音通话技术）、多播类业务等。只有在新的业务形式中获得合理的利润，才能促使5G网络上下游产业链更健康地发展。

与此同时，NGMN在白皮书中还对5G网络的不同需求进行了分级指导。这也是充分发挥运营商们熟知用户需求的长处。把5G网络需求划分出不同的优先级后，对于新一代无线通信网络建设也将更有目标性和针对性，使5G网络建设更有可操作性，这也是促成5G网络尽早实现的有力措施。

NGMN还提出了8类5G关键场景，包括密集区域宽带接入、无处不在的宽带接入、高速移动、海量的物联网连接、实时通信、应急通信、超可靠通信、广播性服务等。除此以外，NGMN重点强调了实现5G网络的各种核心技术，包括：频谱、链路、通信容量、组网和自适应资源使用等，NGMN希望这些核心技术都能有所突破。而为了实现这些核心技术的应用，NGMN还具体指出，高频通信、全双工、多制式接入、Massive MIMO（大规模天线）、SDN（软件定义网络）、小包传输、基站虚拟化和虚拟化核心网这些方面，应该成为技术研发人员的发力方向。

现在可以肯定的是，根据NGMN组织中欧洲5G通信需求组的构想，未来的移动通信终端将不仅仅接收来自周围基站的信号，还要接收处理来自用户自身其他无线设备和周边各种携带了传感器设备的信号,比如可穿戴设备和物联网上的其他设备等。在这种场景下,移动设备终端的应用范围将极大扩展,手机终端将不仅仅是一个上传下载数据的接口,还会是一个连续接收云端数据的中转站,将把用户和各种网络设备联系起来,成为一个个人信息处理中心,这也将进一步强化移动终端在未来移动通信网络中的定位。

从未停止的争斗

5G的研发具有长期性和需要大量智力、财力投入的特点,而一旦占据领先位置后,5G又将对所有产业部门产生积极影响。所以,各个国家都非常重视5G的研发工作,并且早早布局,目的也是为了围绕技术标准展开博弈,抢占市场制高点。

根据中文互联网数据资讯网(IHS Markit)估计,到2035年,5G在全球创造的产出将达12.3万亿美元。其中,制造业实现约3.4万亿美元的产出(占总产出的28%),信息通信行业实现约1.4万亿美元的产出,紧随其后的还有艺术与娱乐业、批发和零售业、公共服务业、建筑业、金融和保险业、运输和储藏业、酒店业、农林渔业、房地产业、教育业、公用事业、采矿业、健康与医疗行业等产业。

从1G到4G的发展经验看,无线通信技术对我国经济拉动作用非常显著,而且呈现出越来越明显的趋势,而5G带来的经济产出更是让人欲罢不能。根据中国信息通信研究院的模型测算,从产出规模看,预计到2030年,5G将带动我国经济直接产出和间接产出分别达到6.3万亿元和10.6万亿元。在直接产出方面,未来十年间的年均复合增长率为29%。在间接产出方面,年均复合增长率为24%。从对经济增加值的贡献看,预计到2030年,5G直接创造的GDP和间接拉动的GDP将分别为3万亿元和3.6万亿元。5G直接创造的GDP的年均复合增长率约为41%;5G间接拉动的GDP的年均复合增长率将达到24%。

正是因为5G对社会经济发展有着如此重要的作用。全球主要国家以及电信运营商,才不敢对5G的研发工作掉以轻心,不少国家纷纷把5G发展上升到国家战略高度,出台政策扶持,加大研发力度,以免错过5G发展风口,在未来的科技和经济竞争中,处于不利地位。

为此,当今世界的主要国家和地区,分别采取了不同的战略。

一、欧洲:渴望保持领先优势

欧洲在移动通信领域曾做出过许多重要贡献,包括2G时代提出的GSM(曾使用在全球80%的移动网络中)、3G时代的UMTS及4G时代的LTE标准。

欧洲国家清醒地认识到5G对经济增长具有重要推动作用,因此引领5G发展对欧盟来说至关重要。总体来说,信息和通信技术领域贡献了欧盟近5%的GDP,每年创造价值约6600亿欧元。无线通信领域虽占据了欧盟25%的科研开支,但对欧洲的生产率增长却做出了50%的贡献。

另一方面，引领5G技术发展，对保障欧洲在全球移动通信行业的领导力极为关键。追溯历史，欧洲电信业在这一行业领域内的全球竞争力始终位列前沿，无论是早期的GSM技术，还是后来的UMTS和LTE技术，欧洲电信业都是一马当先。2012年，欧洲对全球电信市场供应的网络设备价值接近2000亿欧元，占据了全球电信市场网络设备价值总量的40%。但现实是，欧洲目前落后于其他地区的竞争对手，需要通过引领5G技术改变局面。

与此同时，引领5G技术发展对于欧洲的重要意义还在于可以创造更多的就业机会。在5G技术的支撑下，新的产业领域会涌现出来，许多老的产业领域也会焕发出新的生机，这在无线通信技术每一次进步时都可以得到证明。但是，近几年，欧洲在通信技术上的脚步有所放缓，各大公司的活力稍显不足，具备后发优势的中韩两国的竞争者已经追了上来。为了应对这一局面，欧洲各国采取多种措施，积极开发5G技术。

首先，欧洲各国使用"Horizon 2020框架项目"作为协调和资助5G未来研究和创新的金融工具。欧洲各国在制定3G（UMTS）和4G（LTE）标准时就成功地运用了这种模式，达到了联合各国力量的目的。在5G阶段，欧洲各国还将延续运用该方式。

其次，在欧盟内部，框架项目7（FP7）结束之后，又开启了框架项目8（FP8），但名称调整为Horizon 2020。自2014年至2020年执行7年以来，Horizon 2020已是欧盟最大的框架项目，总使用金额达到800亿欧元，相对于（FP7）的500亿欧元，资金投入量明显提高。这一框架项目将资助欧洲未来5G的研究和创新，从实验室基础研究到市场创新思路均在资助范围内。

欧盟在FP7中已积极推动布局面向5G时代的核心课题，如超高速宽带、高性能机器类通信技术等。从2007年到2013年，欧盟已通过FP7总计向未来网络研究的相关课题资助了7亿欧元。在5G网络架构和功能方面，最新技术包括METIS、5GNOW、iJOIN、TROPIC、移动云网络、COMBO、MOTO、PHYLAWS、E3NETWORK、MiWEBA等。

最后，在Horizon 2020框架之下设立5G Infrastructure PPP（Public-Private Partnership，公私合作研究组织），作为5G研究领域的公私合作组织，这可以看作是METIS 2020项目的一个重大延拓，是一种公私合作模式，是具有欧洲特色的重大科技研发项目。该项目计划由政府与私营企业共同投资14亿欧元，深入研究未来10年内与5G网络相关的基础设施解决方案，以及网络架构、技术标准等问题。研究成果将用于规划面向2020年之后的下一代无线通信基础设施。

为了使整个价值链的各利益方（包括厂商、运营商、监管机构、标准组织、学术界和汽车行业等）形成合力，5G PPP为5G无线通信系统构建共同的愿景，为研究和创新工作构建长期的策略路线，并在2020年之前逐年调整。5G PPP从2014年开始运行，并以现行的欧洲技术平台（ETP）已开展的工作为基础，其专家机构正在构建欧洲的通信技术共同体，使产业界、研究机构和学术界合作更加紧密。

5G PPP将为未来10年的新一代无线通信基础设施提供解决方案、架构、技术和标准。此外，这些贡献将有助于未来服务全球用户，并为7兆机器类设备的无线系统提升千倍容量，减少各项业务90%的能耗，提供安全、可靠、可依赖和业务中断无感知的互联网络。

另外，METIS（实现2020年信息社会的移动和无线通信项目）则是FP7框架下的一个5G研究项目，总资金投入约为2870万欧元。此项目共有29个成员单位，包括电信制造商、网络运营商、汽车厂商和高校，由爱立信公司负责总协调。

METIS项目的目标是开发高效、多功能且可扩展的系统，研究可实现此系统的关键技术并评估和验证关键的系统功能。该项目力争引领欧洲未来移动和无线通信系统的开发，并通过构建符合全球初步共识的系统为5G奠定基础。这一系统概念将提供以下能力：1000倍的容量提升；10～100倍的连接设备数提升；10～100倍的典型用户数率提升；10倍的电池寿命提升（用于支持低功率机器类通信设备）；相对LTE-A缩减5倍的端到端延迟。

2012年10月，英国萨里（Surrey）大学（萨里大学是欧洲的小卫星、移动通信和人工智能技术的主要研究中心）获得了由移动运营商、设备商和英国研究合作伙伴投资基金提供的3500万英镑经费，创建了5G创新中心（5GIC），并在校园里通过部署灯杆基站搭建了用于测试未来技术的网络。萨里大学的通信系统研究中心（CCSR）主任Rahim Tafazolli教授向BBC介绍道：移动通信和互联网的边界是模糊的，第五代移动通信即为移动的互联网。5G创新中心（5GIC）从2015年初开始运作，该中心拥有130名研究人员和90名博士生，正在探索通信技术的未来发展方向。

除了欧盟作为区域性国际组织层面的规划，欧洲主要电信设备企业阿尔卡特-朗讯、爱立信和诺基亚等也设立了5G愿景。

阿尔卡特-朗讯： 5G是指通信服务适应消费者，而不是消费者适应通信服务。5G网络技术将连接数十亿部设备并稳定运行。由于未来网络所连接的移动设备将呈爆炸式增长，所以关键点应是提供低时延的智能连接能力。阿尔卡特-朗讯旗下的创研机构贝尔实验室预测云处理将在网络中占据安全主导地位，且不仅仅在应用方面，更包括运营方面。机器间通信的普及也将成为5G的驱动之一，贝尔实验室正在研究支持机器对机器的新型通信短数据包5G空中接口。

爱立信：5G将构建可持续的"连接型社会"，并使无限制获得信息、向任何人及物分享信息这一愿景成为现实。所有通过连接可受益的个体都将被连接起来，这一愿景将通过演进的无线接入技术（包括HSPA、LTE和WiFi）和用于特殊用途的补充性新型接入技术共同实现。5G不会通过一个"适用于所有场景的单一技术"替代现有的无线接入技术。目前，爱立信正在开发5G系统的基础概念，并借助METIS项目推动形成一致的业界观点，并希望这些概念可在今后的标准化阶段被采纳。

诺基亚：2020年以后的通信将同时包含演进的系统（如LTE-A和WiFi）和用于满足新需求（如接近零延时的需求，用于支持实时控制或增强现实等新应用）的革命性技术。5G不是一个全新的技术，而是综合了现有技术和一些用于挑战性场景的新型技术。诺基亚认为千倍容量增长将通过增加10倍可用频谱资源、增大10倍基站密度（通过小小区部署和WiFi分流）和提升10倍无线接入技术的频谱效率来共同满足。

二、北美：充分发挥民间力量

总体来说，北美的研究主要以学术界和产业界自身为基础开展。与欧洲不同，在美国和加拿大，没有用于协调研究的公共资金，美国高校的研究经费来源于国家科学基金会或国防高级研究项目机构等公共部门，研究内容大多基于其个体意向。在5G方面，高校和个体的业界伙伴共同选定有潜力的技术，如纽约大学理工学院和三星公司合作开展用于5G的毫米波技术研究。

1. 高校代表

纽约大学理工学院：该校的5G项目（Theodore Rappaport教授领导）通过研究工作于稀疏的毫米波频段，使用定向波束赋形的较小天线开发更智能和成本更低的无线基础设施。

卡尔顿大学（Carleton）：该校的5G项目（Halim Yanikomeroglu教授领导）受到加拿大安大略省经济发展和创新部支持（2012—2017年）。业界的合作伙伴包括华为加拿大分公司、华为、苹果、Telus、黑莓（RIM）、三星、Nortel和加拿大通信研究中心。

2. 企业代表

高通：该公司并未频繁公开讨论5G，其内部已启动大量研究课题，旨在研究解决千倍容量挑战难题的无线通信系统。高通公司积极研究D2D的设备发现机制和通信模式，称为"邻近服务"（ProSe），并已提交至3GPP。此外，高通公司提出了LTE用于非授权频段、采用授权/授权共享（ASA/LSA）的频谱共享模式和采用异构网络解决千倍容量挑战难题。

英特尔：继成功主推60GHz频段用于无线局域网之后，英特尔公司大力研究毫米波频段用于下一代无线通信系统。除使用60GHz频段作为小小区基站回传链路的技术验证之外，该公司还在开展28GHz和39GHz频段用于移动设备接入链路的研究，该课题目标是在200m以上的距离实现高于1Gbps的吞吐量。

安捷伦： 安捷伦科技在2012年便和中国移动通信研究院（CMRI，中国移动的研究部门）签订了谅解备忘录，将为下一代无线通信系统提供测量和测试方案以支持5G研发。

博通： 该公司积极推动5G WiFi技术（IEEE802.11ac和热点2.0技术）的研究，这一技术可提供最高3.6Gbps的数据速率，可作为LTE和G比特以太网技术的补充。这项技术的新特性可通过多用户MIMO和波束赋形技术提供更大的覆盖范围和更高的网络速率。

三、亚洲：正在强势崛起

亚洲在5G发展路线方面与欧洲有相似的诉求。在中国建立IMT-2020（5G）推进组的同时，韩国也成立了5G论坛组织。总体来说，有许多受到政府资助的项目，也有一些组织在地区层面甚至国家层面协调业界对5G的认识。

1. 中国：一骑绝尘

在中国，推动5G研发的是IMT-2020（5G）推进组和FuTURE论坛，其中IMT-2020（5G）推进组于2013年2月在北京成立，由中国科学技术部、国家发改委和中国工业和信息化部共同推动成立，是中国推进5G技术研发和制定标准的平台。推进组的主要目标是通过企业和学术界的研究及国际合作推动形成5G全球标准。该组织将5G核心技术分为10个方面：密集网络、终端间直连通信、互联网技术在5G的应用、WiFi联合组网、新型网络架构、新型多天线分布式传输、新型信号处理应用、5G调制和编码技术、高频通信、频谱共享及网络智能化。

2013年5月,运营商、中国和国外制造商及中国高校的专家在北京参加了IMT-2020(5G)峰会,讨论5G移动通信技术的前景和发展。2013年6月召开的IMT-2020(5G)推进组频率子组第12次会议中(中国3家主要运营商:中国移动、中国电信、中国联通均参加),讨论了2500～2690MHz射频指标的国内研究结果,3.4～3.6GHz频段LTE-Hi与固定卫星业务的共存测试结果,6GHz及以上频段的国际研究现状等议题。此次会议明确了频率需求研究、频率共享技术和高频段研究的重要性,并制定了相应的工作计划。

2014年1月,国家863计划启动实施5G移动通信系统先期研究重大项目,其总体目标是面向2020年移动通信应用需求,突破5G移动通信标志性关键技术,成为5G国际标准研究和技术发展的主导力量之一。5G重大项目先后于2014年1月、2015年1月分别部署了一期、二期研究课题,共设立11个课题,经费总投入3亿元(含国拨经费1.81亿元)。其中,一期课题的主要技术目标包括:研究5G网络系统体系架构、无线组网、无线传输、新型天线与射频以及新频谱开发与利用等关键技术,完成性能评估及原型系统设计,开展无线传输技术试验,支持业务总速率达10Gbps,空中接口频谱效率和功率效率较4G提升10倍。二期课题则重点围绕以下5G关键性技术展开研究:研制可灵活配置且吞吐率达10～100Gbps的5G基站软试验平台;探索毫米波频谱资源的开发利用;研究不同体制环境下的无线网络虚拟化技术;探索5G网络安全新机制;研究面向5G的新型调制编码技术,提升链路性能。

2005年10月，26家高校、研究机构、移动运营商和中国及国外的制造商共同成立了FuTURE论坛（国际无政府组织）。该论坛的成员包括清华大学、东南大学、上海交通大学、北京交通大学、中国的电信运营商、DoCoMo、法国电信、上海贝尔、爱立信、NEC、日立、诺基亚、摩托罗拉和三星。FuTURE论坛的主旨是分享未来的技术和信息，共同推动国际研发。目前，论坛的工作目标已从推动3G/4G技术发展转为推动4G/5G通信技术的整合。

目前，在5G研发方面投入较多的中国企业主要有华为、大唐电信、中国移动，而中国的发展，在亚洲乃至全球，都表现出一骑绝尘的态势。

自2009年起，华为就与国外高校（如哈佛大学、加州伯克利大学和剑桥大学）共同设立了面向5G技术的联合研究课题，研究内容包括宽带射频技术和动态虚拟化小区技术等。此外，华为作为发起人之一参与了欧盟的METIS项目。正如华为公司与会人所认为的，5G对全社会最大的意义就是能带来真正意义上的物联网，而华为希望成为5G时代的领导者。

另一个中国企业大唐电信公司推出了4G演进技术LTE-Hi，这是一种采用LTE小基站满足热点及室内覆盖需求的技术，具备更高速率、更低成本、更高频率效率、客观可控等特点。目前，已通过小型基站实现了热点区域支持高频小覆盖，并将在演进至5G时继续论证这一特性。在未来网络架构方面，小型基站可被安装在各类场景中，并与周围环境更好地融合。此外，大唐电信公司与14家中国高校（包括清华大学和北京大学等）设立了5G无线传输关键技术方面的联合研究课题，并发布了5G白皮书。

作为中国三家主要的电信运营商之一，中国移动已成为世界上最大的移动运营商。该公司是IMT-2020（5G）推进组的成员。目前，FuTURE移动通信论坛第一子工作组组长和第二子工作组副组长分别来自中国移动和中国电信。同时，中国移动还是科技部863项目5G课题的核心成员单位。三家运营商已在2019年推出5G商用。

中国移动的管理部门指出，该公司在4G网络的商用尚未正式开展前就已启动了5G研发的投入。随着技术的不断发展和2G、3G、4G及5G网络的建设，避免了可能造成的重复建设和资源浪费。中国移动指出，和基站相比，4G网络部署在传输网络和核心网方面仅对原有网络进行了少量改造。下一代无线通信网络应能充分利用现有基础设施，减少运营商升级网络时的资本性支出。

目前，中国移动研究院（中国移动直属的研发机构）积极参与了各类国内的5G论坛和国家级项目。中国移动研究院的研究表明，为了方便5G无线网络系统接入各种移动设备，需要新型的C-RAN演进型架构（C表示集中化处理、协作式无线电和实时云计算构架）。C-RAN是协作式的无线网络，包含远端的射频单元和天线，以及在公共平台上由实时云基础设施组成的集中化基带处理单元。其创新性的绿色网络架构可有效降低能量开销、减少资本性支出和运营成本、提升频谱效率、增大用户宽带、支持多种技术标准、易于平滑升级且带给用户良好的互联网使用体验。创新性架构带来的众多好处使得C-RAN受到大量国外运营商和设备制造商的关注。除IBM、英特尔、华为和中兴公司外，中国移动研究院在2014年4月宣布了6家新增合作伙伴，包括法国电信、中华电信、阿尔卡特-朗讯、诺基亚、爱立信和大唐电信。此外，中国移动正在与微软和惠普讨论C-RAN合作。

目前，中国移动和韩国的SK电信均将C-RAN列为其重要合作项目。与传统接入网相比，C-RAN的组网方法和技术选择是革命性的，将会被5G移动网络使用。随着原型系统验证的完成，电信设备商和IT系统制造商将合作突破C-RAN的关键技术点并推动其商用。

早在2013年9月11日，中国电信副总工程师就指出，希望5G不再像4G一样分为TDD和FDD模式，5G网络应更智能且与其他网络高度融合。总的来说，电信运营商希望5G系统有单一的标准。

2019年6月6日，中国工信部正式向中国电信、中国移动、中国联通、中国广电发放5G商用牌照，中国正式进入5G商用元年。

2.韩国：务实稳定

在韩国，5G移动通信技术主要由韩国电子通信研究院和移动通信制造商（如三星、LG、爱立信-LG）推动，并受到韩国未来创造与科学部和电信运营商的支持。

2013年6月28日，韩国未来创造与科学部和中国工业和信息化部在北京召开了中韩5G交流会议。此次会议中，中国IMT-2020（5G）推进组和韩国5G论坛签署了5G谅解备忘录。同时，中国国家互联网应急中心与韩国互联网应急中心签署了网络安全方面的合作谅解备忘录。来自中韩双方的专家讨论了如何加强合作并推动5G的国际标准。在本次会议上，中韩双方在两个重要方面达成一致：在中韩信息产业合作方面建立了部长级的对话机制；在未来移动通信技术尤其是5G标准和运营方面建立了中韩双方研究机构和企业的合作机制。韩国未来创造和科学部副部长

Zonglu Yun指出，移动通信在中韩两国快速发展，并成为两国经济发展的重要驱动力，中韩将合作推动并引领全球的移动通信技术发展。

由韩国企业三星和LG公司及韩国电子通信研究院联合提出的5G网络架构包含三个层次：一是服务网关；二是外部蜂窝；三是内部蜂窝。首先由内部蜂窝通过回传链路将数据传送给外部蜂窝，再由外部蜂窝通过光纤将数据包交换给服务网关。蜂窝网络的基站使用窄波束定向天线进行收发以减少同信道干扰，从而智能地控制天线的方向。2013年5月，三星公司展示了5G毫米波技术。在韩国水原市三星高级通信实验室的外场试验中，测试了64天线单元的原型发射机。测试结果显示，在28GHz频段可达到1.056Gbps的速率，在视距条件下传播距离可达2千米，在非视距条件下距离缩短为200～300米。5G网络将使韩国75Mbps的4G网络实现数百倍的速率提升，移动用户可在1秒内下载一部电影。三星公司计划在未来数年内开展5G网络的商业推动，实现该技术的商用。

韩国有三家主要电信运营商：SK电信、韩国电信（KT）和LG U+。SK电信是韩国最大和最富创新力的移动运营商，在商业创新之余以推动革命性的网络技术而知名。SK电信的信息和通信技术专家指出，为应对数据激增所带来的需求，应采用称为"超小区"的下一代网络技术，该技术可使数据传输能力提升1000倍，并大幅降低技术应用成本。

2013年5月30日，由上述三家运营商和移动通信商联合成立的韩国5G论坛在首尔召开了全会，会议议题包括2015年的5G标准化和2020年的商用前景等。韩国2020年实现5G技术的商用。

从实际发展来看，韩国在5G方面的发展大大快于预期。根据新华社2019年4月5日的报道，韩国电信运营商已于2018年12月推出了面向企业的5G商用网络，原计划于2019年3月推出的面向大众的5G服务，推迟至4月。

3. 日本：特点突出

与韩国类似，日本的5G移动通信技术研究主要通过企业和学术界合作推动。2013年10月29—30日，得到日本电波产业会、韩国5G论坛、中国台湾新世代无线通信研发联盟、欧盟METIS项目组以及中国国家863计划5G专家组等众多5G国际区域性组织以及国际知名通信企业、科研机构等支持的"未来5G信息通信技术峰会"在北京召开，日本YRP研究开发推进协会会长瓮昭男先生到会并致辞。政府代表、专家、电信运营商以及来自欧洲、中国、日本、韩国和其他国家及地区的主流软、硬件制造商就5G整体发展策略和研发计划进行了研讨。讨论议题包括5G系统性定义、5G标准化的需求、5G频谱规划建议、5G市场分析和愿景、5G创新业务应用和需求、5G新型无线传输技术和组网技术、未来网络演进/聚焦/国际合作的策略等。

2013年2月，日本运营商NTT DoCoMo宣布，将在东京技术研究所的支持下，于石垣岛进行外场试验，测试在11GHz频段下进行10Gbps的传输，验证比LTE和LTE-A更先进的技术。用于移动信号室外传输的三种主要技术有：MIMO、64QAM和Turbo检测。

2013年10月，NTT DoCoMo在日本举行的先进技术展览会中展示了其5G通信技术。安装了24根天线的移动设备可被看作是承载了通信设备的基站，具有"超高速率和低时延"的特性。

NTT DoCoMo希望该技术最终可实现超过5Gbps的实际速率并被纳入未来标准。此外，NTT DoCoMo希望在可穿戴设备中采用5G技术，便于用户无需手动就可进行各类操作，如增强现实、人脸识别、词汇识别和翻译等。

日本的主要电信运营商包括承担移动数据运营的NTT DoCoMo、KDDI、软银和E-moblie，以及承担个人接入系统的Willcom。其中，NTT DoCoMo是日本5G技术发展的主要推动者，长期参与和推动国际性5G研究，以推动移动通信业务的5G技术发展为目标，目前领导着METIS项目的一个子工作组。为了提升通信系统的容量和单个用户的吞吐量，NTT DoCoMo积极推动小小区研究的发展。通过规划多个较低输出功率的小区，这一技术可在宏小区内部提升部分区域的通信能力。简单来说，就是由宏小区基站使用低频段提供大范围的覆盖，并在小小区使用高频段为局部地区提供更高的数据速率。此时，由宏小区发出决定终端连接到哪个小区的控制信号，这一概念称为"Phantom-cell"（影子小区或虚拟小区）。在工作频率上，小小区可在不久的将来使用3.5GHz频段，并在未来使用10GHz以上的频段。NTT DoCoMo计划将Phantom-cell技术提交至3GPP。由于其他通信设备制造商也提出了相同的概念，所以NTT DoCoMo将积极推动这一技术在未来的发展。

2013年10月1日，在日本幕张国际会展中心的信息技术综合展览会上，NTT DoCoMo通过模拟展示了他们设想的5G概念。在"瘾科技"网站的采访中，NTT DoCoMo的代表表示构建5G网络的最大挑战在于如何克服高频段通信的局限。为解决这一难题，他们计划通过使用大量的天线单元实现在高频段传输信号。在模拟中，NTT DoCoMo选择了东京新宿地区为模型，设置了7

个工作于2GHz频段使用26MHz带宽的宏小区,以及12个工作于20GHz频段使用1GHz带宽的小小区,它们共同组成异构网络系统。由于小小区使用的20GHz频段在直线传输时有优势,所以可将其作为覆盖数十米的局域网。宏小区使用2×4多输入多输出技术,小小区使用128×4的大规模无线技术。NTT DoCoMo认为,采用大规模MIMO的主要目的是利用波束赋形技术。

在2013年的世界宽带论坛上,NTT DoCoMo讨论了在2020年东京奥运会上启动5G服务的可能性。NTT DoCoMo的无线系统设计团队领导人Takehiro Nakamura曾在演讲中提出:"虽然看起来有些勉强,但我们仍将仔细考虑这一可能性。"他指出,在概念阶段演讲者决定了5G是什么,但是NTT DoCoMo将使5G接入网的容量提升1000倍,让5G具有无线连接至多个个人终端的能力。这其中,使用高频段的更多频谱资源及大规模天线技术可实现容量的巨大提升,MIMO技术可在接入网显著增加所使用天线的数目。他还指出,基于运营商的模拟结果,通过12个工作于3.5GHz频段且支持100MHz带宽的小小区可实现容量的30倍提升,同样数量工作于400MHz带宽的小小区可实现容量的125倍提升。通过12个工作于1～20GHz频段的小小区和大规模天线技术的使用,可帮助运营商实现1000倍容量提升的目标。然而,他认为使用高频段的频谱资源仅能使室外网络环境受益,要想获得更大的益处则需要通过新型无线接入技术,但无论如何业界应重点关注5G创新技术。这也是日本5G研发的现状。

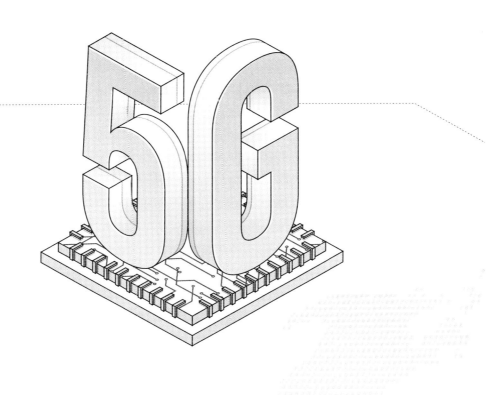

第二章

流量为王

观察近几十年移动通信行业的发展,有一个明显的特征是移动终端用户对流量的需求近乎无限。因为终端用户的每一种新奇体验,最后几乎都需要落实到流量上。没有流量,游戏、视频、各种网络社交都无从谈起;没有流量,再痴迷手机的人也不会整天把它捧在手心。在流量的驱动下,每一代新的移动通信网络都要比上一代移动通信网络在网速和网容上提升几个数量级;在流量的驱动下,网络架构、基站接收和发射信号的方式、软件算法,以及基带芯片的设计形式等,都找到了迭代更新的进化方向。显然,我们对流量有着无限的需求,但请不要忘记,流量暴增的结果,蕴藏了移动通信行业太多的汗水和努力。

国家利益至上

通信是一座桥梁,也是现代文明能得以流传的前提。当我们的社会正在大跨步迈入5G时代时,我们愈发感到生活中处处折射出通信的影子。

但是,同一片天空下的人类,或者说企业,却并不都能同等地享受到通信业带来的便捷,因为地球上的人类是有国籍之分的。某一国的人民、企业只能依赖于其所在国家的通信业的优劣程度来不均等地享受通信价值,而国家在其中担当的角色,则直接决定了这个国家在世界上的地位和能否赋予其人民、企业更多的通信利益。

一、让通信设备业得到更大发展

通信网络的普及和推广，离不开通信设备设施的铺设，例如手机芯片、远程实时系统、物联网设备、自动驾驶设备、智慧城市系统等等。还有，通信网络建设本身需要用到的天线阵列、数据转化器、低噪声功率晶体管、功率放大器、FPGA、路由器、交换机、基站、接入网设备、核心网设备等等。

以5G为例，因为5G频段的提升，宏基站的数量将比4G时代大大增加，而随着毫米波的引入，微基站的数量也会大大增加。

随着5G的逐渐普及，各国对于5G相关设备设施的需求将会无限放大，随之而来的市场效应也会大大增加。目前，中国在5G设备设施方面的投资已超过2万亿元，而美国也有2750亿美元。这还只是5G商用之初的投资，由此亦可见未来世界各国对于5G的市场需求有多大，而这庞大的市场需求，给各国的通信设备产业带来了发展机会。谁要是在其中占据了技术领先的高点，谁就能获得大笔的订单，从而让国内的网络运营商和通信设备企业迎来快速发展和超越别人的良机。

二、推动智能终端产业、软件和信息技术服务业大发展

随着信息技术的发展，尤其是5G时代的到来，相关的应用

场景正从单纯的大数据流量转向低时延、高可靠、大连接等的多重应用场景，随之而来的虚拟现实、物联网、智能家居、智慧城市、智慧农业、智慧交通等正在逐渐进入人们的视野。

现在，中国的5G应用领域正处于一个高速发展期，我们可以看到，不断有相关的应用落地，例如北京、上海、广州、杭州等地均开展了一系列基于5G的端到端测试，涉及无人驾驶、高清视频等。这些测试的发展，无疑将带动我国智能终端产业的大发展，加速为国民提供更好的生产生活。

此外，随着5G技术的不断延伸和扩展，万物互联不再只是幻想。而要实现万物互联，5G技术就要与人工智能、云计算、物联网等新一代的信息技术做深度融合，而这一过程，也必将带来软件和信息技术服务业的大发展。

三、加快企业国际化进程

随着信息产业发展，很多国家都积极在各关键领域进行布局。例如我国在5G的开发上，863计划5G移动通信研究项目就吸纳了三星、诺西、爱立信等一些国际上较为知名的企业作为研发的合作伙伴，打造了一个开放合作的长效良性发展机制。除了企业层面的合作以外，政府间的合作也必不可少。2018年6月，在第六次中日韩信息通信部长会议上，三国达成共识，表示要加强各方在5G、人工智能、大数据等新技术上的合作。

在5G建设方面，华为已经在全球收获了首批5G商用合同，并开始在欧洲、中东、亚洲等国家和地区部署5G商用网络。截至2018年底，华为陆续向全球客户提供了上万个商用5G基站，是全球5G基站商用发货数量最多的公司。中兴通讯也在美国政府的制裁中挺了过来，继续在全球各个地区提供5G产品和解决方案。

在国家以及华为、中兴通讯等核心企业的国际化引领下，我国通信设备领域的一些其他企业可以以此为契机，加快自己的国际化进程。

其实不单是中国，无论哪个国家，如果有国家及相关企业在通信产业中引领，都可能加快本国其他企业的国际化进程。

四、加速推动经济高速发展

作为新一代的移动通信技术，5G可谓是未来万物互联的基础性网络设施，推动着整个经济社会向智能化方向发展。因此，5G也被视为是一国经济进一步发展的主要动力，将成为经济社会转型变革的催化剂。

除5G以外，大数据、人工智能等新一代科学技术，一旦和5G技术相结合，一定会产生出更多的新应用，引发新的产业革命，到那时，无人驾驶、工业机器人、远程医疗、远程教育、智慧城市、智能制造、智慧农业等多种新业态将日趋成熟，极大地满足消费者的多样化、高层次需求。

除了新技术、新产业以外，新的技术平台对传统产业的转型升级也十分重要。传统产业一旦在新的技术平台上找到自己的位子，必将焕发出新的活力。

回首过去，我们不能只是简单地说从1G到4G就是1G打电话，2G聊QQ，3G刷微博，4G看视频，还有必要再看一看从1G到4G的发展过程中有哪些不可忽视的经验教训。

开端：1G及2G功能单一

自1947年蜂窝通信的概念被提出以后，美欧通信专家便意识到这一概念具有巨大的应用前景，并进行了各种系统试验。到20世纪70年代初，美国出现了第一个蜂窝系统。

所谓蜂窝网络就是指将一个大区域划分为几个小区，整体形状酷似蜂窝，相邻的蜂窝区域使用不同的频率进行传输，以实现频率复用，提升系统容量，并避免产生相互干扰。

当时，大规模集成电路技术和计算机技术正在迅猛发展，借助这一新技术，曾经长期困扰移动通信行业的终端小型化和系统设计等问题逐渐得到解决，移动通信系统由此进入快速发展阶段。但是，移动通信技术普及后，用户数量急剧增加，早期的大区制移动通信系统很快饱和，渐渐跟不上用户的现实数量需求。为了改善这种情况，贝尔实验室提出了一种新的解决方案，那就是建设新的小区制的移动通信网络，以此来增加系统灵活性和用户数量。根据这一新理论，贝尔实验室于1978年开发出AMPS（Advance Mobile Phone Service）系统。这个新的蜂窝移动通信系统有两大特点，一是它结合了频率复用技术，具有更大的容量和更好的语音通话质量，二是它可以在服务覆盖区自动接入公共电话网络，所以这套系统解决了当时的频谱受限问题和容量不够问题，算得上是一个真正实用的蜂窝移动通信系统。英国随后掌握了这项技术，并对其加以改进后，推出了自己的TACS（Total Access Communication System）通信系统。当时其他通信系统还有：日本于1979年推出的800MHz的汽车电话系统（HAMTS）、联邦德国于1984年建成的CNetwork系统、加拿大曾推出的450MHz移动电话系统（MTS）、法国的450系统和北欧国家的NMT-450（Nordic Mobile Telephone-450）系统。

以上这些移动通信系统被称为第一代蜂窝移动系统，最大特点是使用了模拟制式。这些系统虽然现在看来还很原始，但在当时都提供了相当好的通信服务，实现了很多人的移动通信愿望。第一代移动通信系统提供的基本业务是话音业务，但最大的问题是，1G时代不同国家的通信系统互不兼容，导致各国厂商的设备无法互通。比如当年的巨头摩托罗拉和爱立信，各自的移动电话用的都是自家的频段标准，无法互相通话。

除此以外，模拟电话系统的手机是没有手机卡的，安全性问题十分突出。1G时代的一种典型犯罪手法是，犯罪分子有组织有目的地利用空中解码器，随机将大街上正在使用移动电话的用户的号码截走，然后非法复制一部具有相同号码的移动电话，再利用这部移动电话，不停地拨打国际声讯台等一些付费电话，然后再通过非法机构从这些声讯台赚钱。由此造成的巨额损失要么由电信运营公司承担，要么由移动电话用户承担，令人防不胜防。

除了保密性和安全性问题外，第一代移动通信系统其实还有不少缺陷，如频谱效率低、网络容量有限、体制混杂、设备成本高、通话质量差、设备体积大等。所以，20世纪90年代初，欧美的通信技术专家为了改善这些问题，又开发了基于数字技术的新一代移动通信系统，即第二代数字移动通信系统。

数字通信系统最大的优点是采用数字技术后，通信系统的抗干扰能力和潜在容量都得到极大改善，可以满足环境恶劣地区和大量用户地区的使用要求。而且，随着数字信号处理和数字通信技术的发展，移动通信设备将不仅仅具有语音通话一种功能，一些简单的数字无线应用开始出现，如移动计算、电子邮件、移动商务等。在数字信号的加持下，第二代移动通信系统表现出比第一代蜂窝移动通信系统更好的抗干扰能力，同时也就具备了更大的通信容量和更好的通信体验。

数字技术赋予通信系统的特点主要有：

① 系统灵活性提高。由于数字系统具有灵活方便的编程控制能力，所以新的移动通信系统可以方便地通过数字编程来实现不同模块的功能，这在模拟系统时代是不可想象的。

② 数字调制技术可以有效控制系统功耗。无论是整个移动通信系统，还是移动终端，功率消耗都是设备不得不考虑的一件大事，因为这关系着设备的实际使用感受。而有了数字调制技术后，移动通信设备的功率消耗就可以精确控制了。也就是说，可以做到只在设备使用时供给能源，不使用时保持低耗待机。这样不仅可以延长终端设备电池的使用寿命，还可以降低整个系统的功耗。

③ 系统有效容量大大扩展。从前的模拟通信系统，系统信道的功能都是固定的，该接通就接通，该呼叫就呼叫，而且一旦

部分信道饱和，整个通信系统就将会崩溃。而数字系统因为有灵活的编程能力，系统中的信道功能是可以相互替换的，这就使得通信系统有了很大的灵活性，在不增加信道的情况下，实现了系统容量的扩展。

④ 信源和信道编码技术得到改善。无线通信受限于频率资源，通信能力其实是有上限的，这不像有线通信，只要不断增加有线通信线路，信道就能无限增加。但是新一代移动通信系统采用数字技术以后，通过信源和信道的数字编码技术，多个用户可以通过复用同一载波，来达到减少单个用户占用频率资源的目的，同时也改善了移动通信信号传输的可靠性。如速率为13.2Kbps，应用于GSM系统的RPE-LTP（Regular Pulse Excited Long Term Prediction）语音压缩技术；速率为8Kbps，应用于IS-54系统的VSELP（Vector Sum Excited Linear Predictions）语音压缩技术，以及Turbo信道编码技术等，它们都改善了信源和信道的传输和接收能力。

⑤ 抗干扰能力增强。信道数字编码技术，使信息传输有了极强的针对性，不仅相邻信道不会相互干扰，而且同一信道传输的不同用户信息也不会相互干扰。简单地说，就是不可能串线了，这时再结合小区制的蜂窝移动技术，新一代移动通信系统的抗干扰能力自然得到很大提高，通信信号的可靠性也就得到了很好的保障。

⑥ 具有灵活的带宽配置。采用数字技术的新一代无线通信系统，虽然不能改变频谱带宽，但是通过数字编码技术，却可以实现更高效地利用现有带宽。通过灵活配置带宽，从而让更多用户在同一带宽下实现高效信息交流，这也是数字技术相比于模拟

技术的一大优势。

⑦ 可开展新的服务项目。数字技术加持下的新一代移动通信网络将跨越单纯的语音通话服务，实现多种增值服务，比如：短消息服务、互联网登录服务等，而且这种增值服务的价值会随着数字技术的进步，越来越凸显其重要性。

⑧ 系统接入和切换的能力及效率得到提高。小区制蜂窝系统在相同的系统容量下，容纳了更多的用户，而更多的用户就意味着更频繁的系统接入和切换的信令活动。为了保证系统的稳定性，只有采用数字技术才能应付这种频繁的活动请求，否则一旦短时间内外来接入请求过多，系统就有崩溃的危险。

基于以上优点，第二代数字移动通信系统和第一代模拟通信系统相比，自然就有了很多优势。

在第一代移动通信系统的应用中，欧洲各个国家的使用情况还比较混乱，虽然各国的技术差别并不大，但由于使用的制式各不相同，相互之间甚至不能实现漫游。为了改变这种情况，在研究第二代数字蜂窝通信系统时，欧洲各国就吸取了教训，联合起来共同研发全欧统一的数字移动通信系统。

为了实现这一目标，欧洲电信主管部门会议（CEPT）首先在1982年设立了移动通信特别小组（Group Special Mobile，GSM），目的是协调推动各国研发2G。经各方统一意见后，这个小组在1988年提出了关于2G的主要建议和标准。到1991年7月，欧洲主导的GSM制式数字蜂窝移动通信系统正式投入商用。由于这个系统拥有更大的容量和良好的服务质量，使得欧洲的无线通信行业迅速崛起，为欧洲各主要电信设备商带来了显著的经济利益。

以爱立信和诺基亚为例。此后几年，爱立信公司凭着为世界各国建设GSM制式数字蜂窝移动通信系统的机会，一度占据了全球数字蜂窝设备市场的60%。而诺基亚则凭着终端手机生产能力，快速成为全球第二大手机供应商。这两家快速成长起来的公司也成为了各自国家的支柱企业。

此后，美国也建设了基于TDMA技术标准的DAMPS、IS-54、IS-136标准的数字移动通信网络。美国高通公司（Qualcomm）在这一时期还提出了著名的码分多址（CDMA）制式的数字移动通信系统的技术方案，并成为IS-95标准。

亚洲的日本在这段时间也开发出了具有鲜明特色的个人手持电话系统（PHS）技术，并且能够提供数字增值服务，但由于日本的数字移动通信系统没得到大规模推广，所以后续发展乏力。而欧洲的GSM系统则成为那个时代世界上应用最广泛的移动无线通信系统。

我国在20世纪90年代初，也选择建设了GSM系统，这是我国数字移动通信系统的开端。那时的中国虽然还没有像样的移动通信技术和企业，却也感受到了移动通信的巨大魅力。为了追赶先进国家的移动通信潮流，我国在此后长期使用GSM和CDMA两种移动通信系统。

腾飞：3G大放光彩

2G虽然开了数字移动通信系统的先河，但很多目标并没有实现，这主要是因为2G系统的数据传输能力仍然有很大不足。

为了改变这种情况，分组无线业务系统开始出现，电信技术人员为了提高数据传输能力不懈努力。

2G数字移动通信系统没有达到的主要目标有以下几点：

① 没有形成全球统一的标准系统。在第二代移动通信系统发展过程中，虽然电信行业已经看到了制式不同、标准不同在实际应用中的危害，但由于利益重大，谁都不敢放弃，最终只形成了比1G时代稍大的几个圈子。比如：欧洲建设了GSM系统，并成功推广到全球大部分地区；日本建立了JDC系统，却没能推广应用；美国建立了IS-136混合系统和IS-95系统，并成功推广了出去。可见当时标准之争仍然激烈。

② 业务单一。第二代移动通信系统主要还是以语音服务为主，增值服务中最成功的只有短消息服务。造成第二代移动通信系统业务单一的主要原因是受制于当时的数据传输能力不够。

③ 无法实现全球漫游。2G数字移动通信系统虽比1G时代有所进步，但仍然没有达到全球统一的地步，全球漫游仍然无法实现，也就是说，各国电信运营商仍然无法通过大规模统一标准的通信网络建设，把运营成本降到最低。

④ 通信容量不足。2G数字移动通信系统的用户数量上升很快，虽然无线通信频段在不断扩充，但仍然不能赶上用户数量的上升趋势。所以，2G数字移动通信必须通过技术发展解决系统容量不足的问题。

2G数字移动通信系统在当时主要针对的是传统的语音服务和低速率数据服务，但信息化社会所需的多媒体业务和高速率数据服务必然会越来越重要。为解决以上问题，第三代移动通信系统首先就要解决系统容量问题，其次是解决大数据、高速率的传输问题，只有解决了这两大问题，才能为移动通信行业造就新的未来。

为了解决2G数字移动通信系统的不足，3G移动通信系统需要在以下技术方面获得突破：高效的信道编译码技术，QCELP编码和话音激活技术，地址码的选择、分集技术，功率控制技术，多用户检测和干扰消除技术，软切换技术，软件无线电技术和智能天线技术以及多速率自适应检测技术等。

在第三代移动通信系统中，高通公司推出的CDMA是主流的多址接入技术。这一技术使用的是扩频通信技术，而且该技术已在军用通信中使用了多年，早已获得检验。这种技术主要有两个特点：抗干扰能力强和保密能力强，因此，CDMA通信技术相比其他通信技术具有很多明显优点。而且CDMA通信系统的容量也比当时主流的GSM系统的容量大，一旦采取诸如智能天线一类的技术之后，还可以进一步提高系统容量。

另一方面，第三代移动通信系统采用的数据传输技术和第二代有很大不同，通过开辟新的电磁频谱、制定新的通信标准，第三代移动通信系统的传输速度可比上一代提升很多，甚至能达到第二代移动通信系统的140倍，而且传输更加稳定。从某种程度上说，第三代移动通信系统才是多媒体移动网络的真正开端。

既然CDMA技术有这么多优势，第三代移动通信系统自然就主要采用了改进后的宽带CDMA技术。在第三代移动通信系统的争夺中，CDMA虽然是底层技术，但各主要通信大国仍然通过自己研发，提出了各自的技术标准。其中，美国提出的是CDMA2000技术标准，欧洲和日本提出的是WCDMA技术标准，而我国通信业内人士赶了个尾巴，提出了自己的TD-SCDMA技术标准。后来WiMAX也成为了3G标准。

我国的TD-SCDMA（Time Division-Synchronous Code Division Multiple Access，时分同步码分多址）技术标准是中国人书写的第一个国际标准，可说是来之不易——在1998年1月的香山会议上，它由国内的近三十位专家共同讨论，才最后决定向国际电信联盟（ITU）进行申报。紧接着，在1999年11月赫尔辛基ITU-RTG8/1第18次会议和2000年5月伊斯坦布尔召开的ITU-R全会上，经表决后，才正式被接纳为CDMA TDD制式的方案之一。所以说TD-SCDMA赶上了一个尾巴。TD-SCDMA在技术方面有一些独特的优势，也曾在罗马尼亚、韩国首尔和中国多个城市建设组网，但由于该技术其他的一些缺陷，如今已经逐步退出现有网络。但不管怎么说，TD-SCDMA仍然是我国电信史上的重要里程碑。

3G时代，移动通信技术的数字网络应用开始超越语音通话应用而蓬勃发展。日本电信运营商NTT DOCOMO曾在1999年推出一种手机生态系统，该系统可以提供上网、下载音乐和社交等网络功能，这比苹果的iOS生态系统还要早8年推出。在这种应用趋势下，2005年的一份报告称，欧洲主导的GSM系统带来的全球一年总收入有望增长到5000亿美元，这还是在GSM系统上网能力不足的情况下评估的结果。如果换成CDMA系统，这一数字定会更加惊人。

豹变：4G改变生活

第四代移动通信技术的特点可简单表述为：宽带接入和分布式网络。它具有远超过3G移动通信系统的数据传输能力。这种特性使得4G移动终端几乎能够在任何时间、任何地点随时通过移动宽带接入互联网，也使得4G移动设备拥有了包括导航定位、远程控制等多种语音通信以外的无线服务功能。除了4G网络的速率限制以外，4G网络用户几乎可以把4G移动终端带入生活的方方面面。

第四代移动通信网络得以实现这样大跨度的成长，仍然和第三代合作伙伴计划（3GPP）组织长期推动的技术标准演进密不可分。早在2004年12月，3GPP就在多伦多相关会议上正式立项并启动了LTE（Long Term Evolution，长期演进）系统。LTE系统引进了包括正交频分复用（OFDM）和多输入多输出（MIMO）等关键技术，显著增加了频谱效率和数据传输速率，并支持多种带宽分配，同时也支持之前的移动网络系统。LTE系统研究出来的移动通信网络减少了网络节点和系统复杂度，使得网络架构更加扁平化和简单化，这样做既可以减小系统时延，又可以降低网络部署难度和维护成本。LTE系统支持与其他3GPP系统互操作。但它分成了频分双工LTE系统和时分双工LTE系统两种制式。这两种制式主要是在数据传输方式上有所不同,前者更直接一点,后者则效率更高一点。

LTE的演进可分为LTE、LTE-A、LTE-A Pro三个阶段,分别对应3GPP标准的R8～R14版本。按照相应的标准版本生产出的相应移动通信设备,就是4G网络不断演进的现实写照。

R10是LTE演进第二阶段的首个版本,于2013年3月完成标准化。R10最大支持100MHz的带宽,8×8天线配置,峰值吞吐量提高到1Gbps。R10引入了载波聚合、中继、异构网干扰消除等新技术,增强了多天线技术,相比LTE进一步提高了系统性能。

R11版本的重点在于改进通信网络信道控制能力。为达到这一目的,技术人员设计了新的信道控制方式,采用了协作多点传输技术,并增强了载波聚合技术。这样,在不同基站小区之间,移动用户的使用体验明显得到改善,通信信道间的干扰也明显降低。

R12也被称为Small Cell,这个版本的重点在于实现低功率的无线接入节点。因为在4G网络环境下,移动用户的数据传输量呈大规模增长,为了降低系统功耗,提升系统传输效率,把移动数据分流传输就是一个有效的解决办法。

R13版本主要关注的是4G移动网络的全维度MIMO传输技术,同时对物联网的连接方式进行了优化,这对于下一代移动通信网络的实现,算是做好了准备。

C-RAN是4G网络的热点技术。这种技术可以将从前的BBU信号处理资源转化为高级的新一代信号,在更大的范围内实现蜂窝网络小区处理能力的即去即用和虚拟化管理,从而提高网络协同能力,大幅度降低网络设备成本,提高频谱利用率和网络容量。不过由于C-RAN技术本身的一些缺陷，还有待更好的技术出现。

LTE系统采用全IP的EPC网络，相比于3G网络更加扁平化，简化了网络协议，降低了业务时延，由分组域和IMS网络给用户提供话音业务；支持3GPP系统接入，也支持CDMA、WLAN等非3GPP网络接入。

LTE的核心技术主要包括：OFDM、MIMO、调制与编码技术、高性能接收机、智能天线技术、软件无线电技术、基于IP的核心网和多用户检测技术等。

OFDM是一种无线环境下的高速传输技术。这种技术可以把通信网络内的频谱分成许多小信道，每个小信道各托载一个小数据包进行传输。这种传输方式可以减小信号波之间的干扰，提高频谱利用率，但因为小信道传输的本质还是一种窄带传输，所以信道间的功率效率不算高。

MIMO技术是指利用多个天线进行发射和接收的空间采集技术。由于有多根天线同时进行发射和接收信息，通信链路可以通过很多的子信道同时并行工作，所以，通信网络的容量和传输速度都得到了极大提高。移动用户的体验自然也就得到了改善。

调制与编码技术可以说是数字传输系统的一大特色，而4G移动通信系统为了更高效地传输数据，就必须采用一种新的算法。有了这种新的算法，才能提高频谱利用率，并延长通信设备终端电池的寿命。

高性能接收机也是为4G网络系统专门设计制造的，因为在4G环境下，数据流量大幅增长，没有高性能接收机，系统的数据传输就不可能流畅。

智能天线技术是一种比多天线技术更先进的技术。因为在可以预见的未来，移动通信网络需要承载的数据流会不断地大幅增长，为了更好地接收和传输数据，基站天线就不能只是被动地接收信号，还需要运用数字算法，主动地对信号来源进行定向，这样才能更有效地消除干扰，改善信号质量，并增加传输容量。

软件无线电是指在移动通信网络设备中，尽可能用软件来定义无线通信功能，并用软件来取代一部分以前硬件才能实现的信号处理和功能转换工作。这其实也是计算机技术大发展在移动通信设备上的体现。软件无线电技术推广后，移动通信网络和以前相比将更具有灵活性和适应性，对于改变无线信令规则等一些操作也将变得更简单，对于适应不同模式的手机和基站，也可以通过编程来完成，同时，系统的功耗可以有效降低，系统的稳定性则可以得到提高。

基于IP的核心网是指4G移动通信系统是一个所有设备和功能都可以用IP来定义和标注位置的移动通信系统。这表明4G移动通信系统是一个基于数字化的网络，和互联网的基础基本一样，所以，4G移动通信系统可以和互联网等各型网络无缝互联，它们之间的多种无线接入协议完全是相互兼容的，这使得4G移动通信系统的网络具有了很大的灵活性，可以随时扩展功能，互联互通。

多用户检测技术是提高4G移动通信系统稳定性的必要手段。因为4G移动通信系统主要采用了CDMA技术，而CDMA技术的一大特点是多址分码技术，在这种技术的使用环境中，多址干扰成了影响系统稳定性的一大因素。为了消除多址干扰，维护系统稳定性，就需要发展一种算法，可以对众多产生多址干扰的用户信号进行快速检测，只有在能够快速消除干扰的情况下，4G移动通信系统才能够充分发挥CDMA技术的长处，并抑制它的短板。所以说，多用户检测技术可以说是4G移动通信系统的一种关键技术。有了多用户检测技术，网络系统的大容量和高稳定性才能得以实现。

通过以上的技术标准演进和各种关键技术，第四代移动通信系统取得了很大的成绩。在这场持续不断的研究竞赛中，有差不多181个国家和地区的677家运营商对4G移动通信技术进行了投资。可见，几乎所有人都意识到，4G的风口不容错过。到2015年，全球大部分国家和地区都部署了4G商用网络。4G用户达到6.35亿人。

在经济贡献方面，4G更是一场不容错过的盛宴。以美国为例，4G时代的美国因为在技术标准和专利技术方面拥有相当大的优势地位，所以享受到了巨大的经济利益。据测算，从2011年到2014年，美国国内与移动通信相关的工作岗位数目增加了84%，在很大程度上吸纳了铁锈经济带来的失业人口。而且，新型移动通信行业对美国GDP的拉动作用也很明显，仅在2016年，就大大超出了原来的预期，带给美国公司的各项收入达到1255亿美元。其中，设备制造和销售收入占649亿美元，应用商店国际收入占250亿美元，设备组件国际收入占356亿美元。这当中，应用商店的内容收入是一大亮点，从2011年的82亿美元，快速增长到2016年的541亿美元，而其中的物理成本几乎为零，可谓是尽显数字经济的魅力所在。

革新：5G改变社会

4G改变生活，5G改变世界。随着5G逐渐走向商用，智能互联的时代正在来临。通信技术就像以往蒸汽机、电力和互联网的出现一样，成为推动社会变革的重要力量。

例如在蒸汽机没有出现之前，英国的人们只能依靠畜力或人力来推动机器运转，效率实在是太低了。而詹姆斯·瓦特改良的蒸汽机就像巨灵之手一样，能够轻易地推动机器高速运转，效率高了不知多少倍。

英国的富商们见识到蒸汽机的好处，就用钱购买机器，开办工厂，使用蒸汽动力的工厂在英国大量涌现，为英国工业革命发展带来了原动力，加快了英国资本主义工业化进程，奠定了英国在世界经济史上长期的领先地位。

5G亦然。

一、改变的不仅仅是速度

提到5G，很多人能够想象的就是5G通信比4G通信更快。的确，在5G时代，每个5G基站都能至少提供20Gbps的下行和10Gbps的上行宽带传输能力，能够确保速度达到500千米/时的交通工具在运行中的数据连接不会中断。5G用户在信息的互联上,延迟也不会超过4毫秒,甚至能达到只有1毫秒的超低延迟通信。而且,在5G网络的覆盖下,每平方千米的区域范围内,至少能够承载100万台联网设备。

这些都是5G带来的"快"的例证。但是在这种"快"的背后,我们还应该有以下想象:一位外科医生能够轻易地通过手机遥控千里之外的机器人进行无缝对接式的手术,机器人甚至连一眨眼的延迟都没有;人们可以住在由硅片和软件建成的房子里,其中不但有高速上网的专线,所有的门窗、电器都能通过手机进行控制,而且有一个高性能的服务器作为系统的管理后台;轻松的无人驾驶……

综合来看,5G给人们带来的不仅是速度上的极致体验,还有全新的市场和商业模式。例如,交通、医疗、教育这些行业都将发生巨大变革。这一个个新兴的市场,就是"蓝海"。5G时代的"蓝海"行业将是经济中的各个垂直行业,它已超出了通信业本身。5G网络也将成为大幅提升这些垂直行业成为现实的基础设施。当然,如此便捷的生产、生活场景也是任何一个国家和政府都希望率先实现的。

2017年2月22日,在北京举办的5G峰会上,美国高通公司表示,5G的研发和建设虽然耗资巨大,但将来5G的产业价值链可以在全球创造差不多3.5万亿美元的产出,并创造出2200万个工作岗位,所以前景大有可为。预计到2035年,5G对全球GDP增长的贡献将等同于一个大国的经济总量。

毫无疑问,5G带来的不仅是新兴的技术,还包括无数的GDP和就业机会。在5G的引领下,谁占据了先机,谁就能更快地主导这些"蓝海"产业,并对自己国家的生产生活带来无法想象的巨大优势。

二、5G重塑世界竞争格局

在以往,我们能够很明显地感到,通信技术的迭代已经成为世界各大国地位的博弈和科技竞争的砝码。到了5G时代,这一竞争形势仍将延续。

在5G争夺之中,标准之争是其中的焦点。现在,5G正在向产业化冲刺,各国谁也不想落后。在整个世界市场范围内,中美和日韩处于领先地位。在爱立信的移动市场报告中,点明了5G网络将由北美、中国、日韩引领,并逐渐扩展覆盖至全球。

这里面,中国和美国是最直接的竞争对手。2018年,美国有过众多动作,例如否决高通被收购,其意就是为了保护自己的5G专利技术优势;美国国会通过预算法案,对FCC放权,加速美国的5G商用;等等。凡此种种,都是为了捍卫自己在5G上的话语权和影响力。随着全球范围内新一轮产业创新竞争的掀起,5G相关的专利技术成为竞争的核心。这其中,华为、爱立信、诺基亚和中兴通讯正在成为最核心的玩家,尤其是中国企业在其中扮演着越来越重要的角色。

再回到对经济的贡献上来说,5G投资会推动通信行业进入新一轮的上行周期。在GSMA的统计中,全球移动通信产业在2017年实现了产值3.6万亿美元,巨大的经济效应加速了全球各国在5G创新上的竞争态势。

现在,5G全面商用指日可待,对其产业链的争夺也势必会更加激烈。虽然中国在这里面保持着领先优势,但面临的挑战也非常明显,因为5G的发展不是一日之功,它必须要以通信功能为主体来缓慢推进,以逐渐渗透到各个行业之中。而在这个时间过程中,中国能不能一直保持领先,则需要时间来进行验证了。

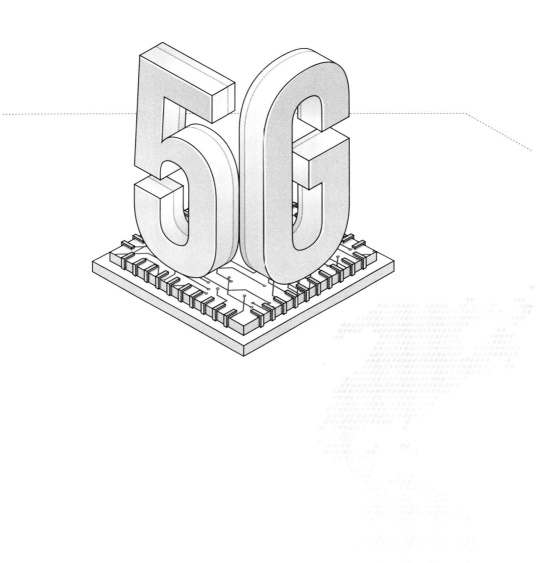

第三章

多国暗战

从运营商的角度讲,智能手机的普及带来了一个明显的用户使用趋势的变化,那就是语音、短信及彩信的使用量大幅减少,在线视频、游戏、浏览及导航定位等基于移动互联网的数据服务大幅增加。这种变化固然对移动终端用户有利,但却对移动运营商的盈利模式造成重大影响。所以在移动网络表面繁荣的掩盖下,其实是移动运营商的苦涩内心,因为他们一边要面临新网络的巨额投资,一边又要面对传统收费业务的大幅萎缩。

为什么要发展5G

在4G时代,大部分用户的手机终端上都会有大量各种用途的APP软件,这些APP软件可以解决从即时通信到视频观看,再到办公应用等方方面面的需求,虽然在当下,这种基于数据流量的视频观看和通话还经常有延迟、中断,移动过程中容易掉线的毛病,但APP应用取代传统语音和短信服务的趋势却是不可否认的。

受这种趋势影响,全球移动通信运营商在语音和短信服务方面的损失,据估计,不少于140亿美元,同比下降26%。这当中也包括中国的三大移动通信运营商。

而另一方面,APP软件的应用又大量占用了移动通信网络的信令资源,由于众多移动终端用户已经养成了始终在线的习惯,所以移动通信网络的运行压力十分大,但是这种数据流量的增长,并没有换来收入的大幅增长,和移动运营商的人力与资本投入相比,更是严重到不成正比关系。所以,全球的移动运营商都希望在部署5G网络时,借着系统升级改变这一局面。

其次,从用户的角度讲。在使用体验上,4G移动通信系统仍然有比较大的缺陷。通过新闻和个人的具体使用经验,我们可以知道,如今的4G移动通信网络的速率依然不令人满意,速度不够快和时而掉线的现象时有发生。更糟糕的是,在一些大型展会或大型活动现场,4G移动通信网络可能还会发生严重的"堵塞",甚至是暂时崩溃的现象。这说明,4G移动通信网络距离用户的使用要求仍然有差距,改变现状势在必行。

为了解决这个问题,最直接的方法就是继续增加带宽。这是一种自然而然、颇为合理的想法。但是受限于4G移动通信网络的基础,现今的网络容量和速度如果通过局部改进,增加2~3倍的带宽和容量并不算难事,但如果想增加1~2个数量级就办不到了。这是因为,在现有的网络基础上增加带宽,最直接的办法就是加大现在的4G基站功率,并增加基站数量,但是这在许多地方是行不通的。基站功率加大后,基站周围的电磁波辐射就会太强,变得对人体不安全,而另一方面,增加频率带宽后,无线通信信号绕过障碍物的能力会变差,在现有情况下,不能充分利用的无线信号等于没有信号。

还有一个方法就是增加基站的数量,让基站变得绵密,最好是每个人身边都有一个基站。但这在实际建设中也是不可行的,因为没有一个移动运营商受得了这样大的成本压力。

再从技术发展方面来说,由于新兴移动业务层出不穷,云操作、虚拟现实、增强现实、智能设备、远程医疗、远程控制等各种应用对移动通信的要求日益增加,用户都在追求极致的使用体验，普遍要求获得与光纤相似的高速率和媲美本地操作的低时延，以及随时随地可以接入宽带的无缝连接能力，同时物联网业务还会带来海量的设备连接数量。所以从当下的各个方面来说，与其在现有的4G移动网络上修修补补，不如研发下一代更先进的5G移动网络技术来解决问题。

5G的关键支撑技术

全球5G网络技术虽然在研发过程中是由众多国家和企业各自提出观点和技术集合而成的，众多参与方在初期对5G技术的理解和发展方向也各不相同，但在多年研发过程中，以及在3GPP和其他相关组织规范下，各参与方对5G网络的关键支撑技术已经取得了很大共识，各方都认为，构成5G网络特性的关键技术主要有以下几点。

一、移动云技术

在4G时代，随着移动网络的带宽和上下行速率越来越强大，众多终端使用者发现，在获取资源、享受服务方面，很多时候不必把网络终端的使用机器搞得过于强大，借助强劲的移动网络，性能一般的网络终端机器也可以获得近似于高性能终端或服务器终端的机器性能。比如，当一台普通的计算机有很庞大的计算需求时，它就可以通过网络把自身的计算需求拆分成无数的较小子程序，然后提交给局域网或广域网的众多服务器进行计算，最后再通过网络收回计算结果，这样，普通计算机也就具备了类似超级计算机的计算能力。

移动云技术是移动网络发展到一定阶段后必然会出现的产物，是并行计算、分布式计算和网格计算的自然发展。这种网络利用方式，对于节约终端制造成本，发挥网络共享优势有很大的好处。除了计算能力以外，普通终端的存储能力和安全保障能力也可以获得极大扩展。比如，一台普通终端的存储能力不管是几十个GB还是几百个GB，其存储能力总是有限的，但若是把终端上的内容存储到网络上，则可以获得近乎无限的存储能力。近些年大行其道的"云盘"就是这个道理。

而安全保障能力也一样。如果一台终端机器始终只能靠自身本地硬盘的病毒库和计算能力来应对网络上层出不穷的恶意软件、病毒和木马，就会始终处于被动和能力受限的处境，但如果无数终端使用者依靠庞大的网络资源，随时随地将各种恶意软件、病毒和木马上传给专业的杀毒工作者，则专业的杀毒工作者就可以在第一时间分析和处理这些恶意软件，并在这些恶意软件产生巨大破坏作用以前将其遏制。这也是现在众多专业杀毒软件公司的共同思路。

移动云技术在4G时代已经有了很多初步应用。比如名噪一时的黑莓手机，就曾经凭着黑莓手机终端、无线网络和黑莓邮件服务器，让黑莓手机用户实现了随时随地收发电子邮件的便利，这虽然只能算是移动云服务的初级形态，却也一度令出产黑莓手机的加拿大RIM公司占了手机市场份额的20%。如今的黑莓手机虽然已经没落了，但苹果公司推出的MobileMe和iCloud服务仍然是移动云服务的延续，后起之秀的中国华为公司对这种网络生态链的思想也大为推崇，近年来极力要在自己的产品中发挥出云技术的优势。

但是，5G时代来临后，随着低时延、大带宽等5G新特性的实现，移动云技术必然会跨越异地共享资料等初级形态，迎来一轮新的发展。比如在车联网和自动驾驶应用上，以往的实验用自动驾驶汽车会给汽车配备强大的车载计算机和全套的路面感应装置，希望无人汽车凭着一己之力就可以处理所有的路面驾驶情况，这无疑是一种成本高昂的解决思路。但在5G时代，特别是低时延和大数据传输技术的瓶颈突破后，无人驾驶汽车的数据计算能力反倒不如4G时代要求的那么高了，因为大量的数据可以通过云端后台进行计算，地面行驶的无人汽车只要保证好随时在线，能够快速把路面情况传到云端就可以了，云端后台将完成大量运算，保证无人驾驶汽车安全行驶。

当然，为了保证移动云技术的可靠性和安全性，移动云技术也有一些关键的技术需要完善。比如：软、硬连接技术，自动化测试技术和应急处理技术等。

在软、硬连接技术方面，因为移动云技术的特点是在移动中保持连接，所以保持设备始终在线非常重要，而为了保证连接，则必须要在软、硬两种连接方式上都有相当程度的可靠性。软连接，顾名思义就是要通过软件的方式保持连接，这种方式成本低，更新快，但可靠性还需要新的网络连接协议来保证；硬连接，是指通过硬件改造的方式来保证连接，可靠性高，但是使用成本较高，更新周期较长，在一些关键设备上，硬连接设备必不可少。

因为移动云技术是一个面向群体用户的技术,当有新的功能模块需要大规模推广时,自动化测试技术就显得十分必要了。否则,如果每一项功能模块的测试都需要按传统的方式,按部就班地进行,那就必将会影响移动云技术的推广和更新迭代。

应急处理技术是移动云技术必须考虑的方面。因为在现实应用中,总会出现难以预料的情况,一旦出现网络系统不可用、安全信息泄露或者黑客恶意攻击等情况,移动云系统就要尽最大努力保证用户的人身安全和数据安全,要在与终端用户暂时失去联系的情况下,一方面依靠终端系统自身的应急程序,紧急处理危险情况,另一方面则要调动失联用户周围的云用户成员,紧急给失联用户以帮助。想象一下,无人驾驶汽车或者无人机在行驶时突然掉线,这样我们就可以体会到应急处理技术的重要性了。

二、网络切片技术

5G网络建设是在3GPP指导的一系列技术标准下进行的标准化建设,这就意味着,无论在哪个国家哪个地区,虽然使用的5G网络设备可能来自不同的厂商,但执行的技术标准却是一样的,这也就保证了全球的5G终端可以全球通用,避免了1G时代因各国技术标准不同而造成的隔阂现象。

不过在实际使用中,各种应用场景对5G网络的技术要求却不同。比如,在车联网的环境下,自动驾驶汽车对网络低时延的要求很高,却未必有多少大数据的交换要求,这就和在线观看电影与比赛有很大不同。再比如,如果在某个城市中,一个大学的左边是一个大型商场，右边是一个现代化的智能工厂，那么在不算遥远的距离内，智能工厂、大型商场和大学对5G网络的性能要求也会各不相同。这时，如果不对网络特性加以区分，则不能满足不同场景下的差异化需求；而如果另建专门网络，则又不符合节约成本和统一建设的原则。这个时候，网络切片技术就可以大显身手，在灵活性和复杂性之间求得共存了。

所谓网络切片技术，简单地说就是一种可以按实际需求进行虚拟组网的方式，每一个虚拟网络都可以满足一种具体的应用场景。为了实现这个目的，首先就要把5G网络功能虚拟化，使计算资源、存储资源和网络资源可以自由组合，接着，通过软件和硬件功能，隔离出一个特定的子网络环境，也就是把5G网络切了一片下来，然后，在这个子网络环境内，还要通过3GPP的各种标准协议，再造一个合适的网络架构，形成逻辑上与整个5G网络隔离的专有网络。这种专有网络，既可以是拥有独立功能的专有网络，也可以是与其他网络形成资源共享关系的专有网络，这种实现了网络功能差异化的虚拟子网络就可以最大程度地满足不同的用户需求。

这个时候，刚才所说的智能工厂就可以通过网络切片技术，建立一个具有独立功能的子切片，商场和大学则可以建立能够资源共享的子切片，而三种不同的网络需求却是在一个广域网的5G环境下才得以实现的。这实际上非常有利于各电信运营商对各种用户实现差异化服务和差异化收费，所以，各电信运营商在现阶段都对网络切片技术的开发十分热衷。

大唐移动就在湖北神农架林区人民医院和十堰太和医院的专家之间，通过网络切片技术，在两地实现了智慧医疗。而在河南郑州，大唐移动还通过网络切片技术，实现了智慧岛智能公交项目。可以预见，各地的电信运营商未来还将实现更多的类似项目。

三、边缘计算技术

众所周知，5G 网络展开大规模应用之后，移动云技术作为一种提升用户个人终端性能，体现 5G 网络优越性的技术，将得到广泛应用。不过，可以想象的是，即便 5G 网络的带宽和传输性能已经得到了极大的扩展，但若是无数终端把无限量的数据信息都传输到 5G 网络的云端后台来要求处理，5G 网络仍然会不堪其重，而且事实上，大量上传的终端信息也没有那么重要，不需要占据宝贵的云端后台资源。

为了降低大量数据对骨干传输网络的占有率，保持 5G 网络低延时、高速度的网络特性，5G 网络就需要发展一种既能处理大量终端数据，又能保持骨干网流畅的新技术。这时，边缘计算技术就应运而生了。

边缘计算技术的目的，就是在靠近数据源的邻近位置，完成大量的数据处理工作，相对于云端的处理中心，这个位置可算是 5G 网络的边缘，所以称之为边缘计算。

相对于云端后台集中式的大数据处理，边缘计算可算是边缘式的、分布式的大数据处理，大量数据在终端用户的边缘侧就可以得到处理，是一种对移动云计算方式的补充和优化。边缘计算技术是 5G 网络扁平化架构特点的实际应用，可以缓解 5G 网络骨干网的流量压力，提高终端用户的工作效率，降低整个网络的能耗，体现出 5G 网络智能化处理数据的能力，同时，也不影响云端后台调用必要的终端用户数据。

为了早日实现边缘计算技术的现实应用，早在2014年，欧洲电信标准化协会（ETSI）就对边缘计算技术的概念、架构和技术标准进行了定义和规范。2015年，3GPP也把边缘计算列为5G网络架构的关键课题，并制定了相应的技术标准。同年，思科、戴尔、微软、英特尔等大企业和普林斯顿大学，成立了开放雾联盟，为的是通过开发开放式架构，解决产业化实现过程中的互操作和可扩展性问题，促进边缘计算技术的普及。2016年11月，中国华为技术有限公司、中国信息通信研究院、美国英特尔公司和英国ARM公司等企业和研究机构，也发起成立了边缘计算产业联盟，为的是促进边缘计算产业的发展，孵化应用技术。2017年，各标准化组织已经先后定义了多项边缘计算技术的技术标准，为边缘计算技术的大规模实际应用打下了基础。2018年，阿里巴巴旗下的阿里云公司还专门发布了《2018边缘云计算技术及标准化白皮书》，产业应用呼之欲出。

在产业准备方面，美国亚马逊公司已经发布了专门的边缘计算软件AWS Greengrass和Amazon FreeRTOS，其中，AWS Greengrass是一种把本地数据上传到网络，并储存、分析和应用的软件，运用了AI智能学习技术。Amazon FreeRTOS是一种开源的操作系统，可以帮助分布式的小型低功耗的边缘设备方便地连接上网络，并享受边缘计算技术的服务。

华为公司于边缘计算技术的努力方向主要在工业互联网方面，并且已经在中国和欧洲进行了智能工厂内部网络的测试。在这种场景下，边缘计算技术在数据集成、传输和安全连接领域都有巨大的发挥空间，一旦成熟，将极大地改变行业面貌。

中国最大的电信运营商中国移动也在2018年10月宣布成立

边缘计算开放实验室，已经吸引前后两批共79家合作伙伴参与其中，当中不乏阿里巴巴、腾讯、百度、华为、英特尔、三星等国内外知名企业。中国移动之所以如此重视边缘计算技术，是因为从电信运营商的角度讲，中国移动需要网络接入、边缘数据中心规划、操作平台、硬件基础等全方位的边缘计算技术，只有掌握了全套的实际应用技术，电信运营商才能搭建出满足用户需求的新型网络。

根据互联网数据中心的数据，今后几年，与边缘计算有关的支出将占到物联网全部支出的18%，而物联网45%的数据，在存储、分析和应用时，都将用到边缘计算技术，到2022年，全球在边缘计算这一分化市场上的规模，将达到67.2亿美元。

可以预见，在视频监控领域，90%的数据都可以通过边缘计算技术进行预处理，从而大幅提升5G网络的使用效率。在智能制造领域，通过与人工智能技术的结合，制造业生产计划的执行将更加灵活。在远程医疗领域，大量数据通过本地化处理以后，远程手术要求的低时延、高精度将得到有效保证。

四、自组织网络技术（SON）

大家知道，移动无线网络的应用就在于信号的有效覆盖，只有在网络覆盖的范围内才能实现移动网络的各种功能，但在现实环境中，因为地震、海啸、战争、火灾等天灾人祸，移动网络的基础设施总会受到意外损坏。

2011年日本福岛大地震时，华为的技术人员为了早日恢复震区的网络通信，只能逆着逃难的人流，冒险深入灾区，尽快抢修受损的通信设施。这虽然体现出华为一向不畏艰险的奋斗精神，但人们忍不住想象，这个时候若是移动无线网络能够具有一定的自我修复、自我优化和自我配置能力，那岂不是可以让网络系统维护人员避免很多不必要的危险。而5G网络的自组织网络技术就将实现大家的这一愿望。

在自然界中，共同外出觅食和抵御强敌的蚂蚁、蜜蜂等昆虫，深海的鱼群，或者人体的免疫系统，都有这样的特点，那就是在没有一个"外脑"干预的情况下，昆虫群、鱼群或者人体免疫系统都能在群体或整个系统受损时，自动对受损部位进行修补，这种自动修补行为虽然不能使系统达到最佳状态，但也可以维持整个系统的勉强运转，为整个系统的修复赢得时间。5G网络的自组织网络技术可以理解成一种类似的行为。这种技术必然需要一定的智能化技术，能够在现实复杂的应用环境中，监测和分析整个网络系统发生的变化，并根据这些变化做出相应的决策，最终达到维护一定网络功能的作用。这在将来，整个社会的运转越来越依赖无线网络的情况下，显得尤为重要。

为了规范自组织网络技术的技术标准，3GPP和下一代移动通信网络联盟（NGMN）进行了相应的标准确定工作，逐步把终端用户和电信运营商的需求纳入自组织网络技术的标准之中。特别是在已经到来的5G网络建设大潮中，自组织网络技术如果不能跟上，那么5G网络的超密集场景和海量的网关节点，一旦发生故障，就将是电信运营商和终端用户的灾难。

为了避免这种灾难，5G网络的自组织技术需要在干扰管理、负载均衡管理、网络节能管理、覆盖优化管理、故障检测和分析管理、网络中断补偿管理等几个方面有所突破。

在干扰管理方面，因为5G网络为了保证连接，都会进行超密集组网，所以终端用户和网络基站之间的信号关系会比4G时代复杂许多。如果不能消除干扰，协调信号，终端用户的使用体验就会大打折扣，而自组织技术的一个方面就是要自主消除干扰。

在负载均衡管理方面，由于5G网络的终端使用者会产生大量的移动数据，如果在展会或其他人群聚集时，不能平衡5G网络不同地区的数据使用量，那么4G网络时代的"崩网"现象，就可能在5G时代重现。这个时候，我们不能光指望电信运营商临时增加基站，5G网络还需要有在网络局部可能产生过载阻塞时自我平衡负载的能力。

在网络节能管理方面，因为5G网络的超密集部署必然带来能耗的大量增加，但是，整个网络的活跃度肯定又是不均衡的。这个时候，5G网络如果能够在保证用户使用的前提下，自动让一些数据产生量较少的基站进入休眠状态，必然会为电信运营商节约大笔费用。但是，这项功能的前提是5G网络能够智能而又正确地判定用户需求。

覆盖优化管理和负载均衡管理与网络节能是5G网络自组织管理的不同表现形式，通过自组织技术对各个不同基站的射频参数进行自主调整，把网络负担较小地区的业务能力向网络负担较大地区转移，可以保证整个5G网络的整体覆盖能力，是保证终端用户使用体验的重要手段。在具体应用方面，覆盖优化管理可以通过基于以往案例进行推算管理和使用过程中的机器学习两种途径来实现。在5G时代，结合人工智能，强化机器学习的后一种途径，将是覆盖优化管理的主要实现方式。5G网络有了覆盖优化管理能力后，在应付网络使用的不均衡状态和局部网络受损状态时，将具有很大的灵活性优势。

故障检测和分析管理也是5G网络必须具有的一种自适应能

力。以往传统的网络故障检测和分析方法，总是在网络故障发生后，才由专业维护人员进行针对性的检测和维修，这种方法具有很大的滞后性。在5G时代，由于5G超密集组网的特点，网络内的相关节点和使用环境都大大复杂了，如果继续使用这种滞后性的故障检测和分析管理方法，将难以应付5G的复杂使用环境和众多的站点设备，在人力资本的消耗上，也不具备经济性和可持续性。为了满足5G时代的新形式，5G网络的故障检测和分析管理就必须向智能化方向转变。而要实现故障检测和分析管理的智能化，就要从故障发生前和故障发生后两个阶段进行努力。在故障发生前，5G网络需要利用大数据分析和云计算方法，对5G网络的各个使用区域进行监测，通过事先的数据设置和建模分析，在网络故障发生前，也就是网络和终端用户的数据传输出现异常时，就提前向网络中心发出预警，并提前介入，把故障损失降到最小。在故障发生后，5G网络的故障检测和分析管理能力，需要在专业维护人员介入以前，通过网络的智能化能力，事先锁定故障发生的原因，并提出初步的解决办法，这将大大降低专业维护人员的工作强度，并给电信运营商节约大量维护费用，所以这种自适应能力也是5G网络必须具备的能力。

网络中断补偿管理是故障检测和分析管理的特殊情况，在这种情况下，5G网络已经遭受了严重的变故，局部网络已经中断，这时，5G网络不仅需要故障原因的智能化分析，还需要网络能够通过自主自适应的参数调整、功率调整、天线角度调整等手段，协调故障站点周围还能够正常使用的站点，对故障站点区域进行网络中断补偿，以尽量保障网络终端用户的使用体验。为了实现网络中断补偿的管理能力，5G网络一方面需要有在特殊情况下网络资源分配的优良算法；另一方面则需要事先规划用于网络中断这种特殊情况的补偿信道,而在哪种情况下可以使用,并在何种程度上使用补偿信道,也仍然需要5G网络的智能化自适应能力。

五、机器型通信(M2M)和终端直通(D2D)技术

在现阶段的5G建设中,电信运营商主要是以网速的大幅提高和网容的大幅扩展来吸引终端个人用户的,但在未来的5G应用场景设想中,机器型通信(M2M)将占据5G网络应用的大部分份额,大量的机器终端通过5G网络获得连接才是5G网络真正的应用方向。虽然,机器型通信(M2M)在广义上包含了机器与机器之间、人与机器之间,以及网络系统与机器之间等的各种连接方式,但在狭义范围内,现阶段的机器型通信(M2M)主要还是指一台机器终端与另一台机器终端的通信能力。

机器型通信(M2M)对于万物互联的5G网络愿景和物联网的建设十分重要。现今社会的条码支付、门禁卡开门等应用都可以算是一种初步的机器型通信(M2M),但在将来,大量的智能化工厂、社会公用设备都将实现机器型通信(M2M)。大量的数据流将不再需要人在其中发挥作用,通过机器终端之间的数据交换,生产和物流等社会活动将更加高效。

为了实现机器型通信(M2M),2005年3GPP就开始了相关的技术标准制定工作。2011年,欧洲电信标准化协会(ETSI)又邀请美国、日本、中国、韩国等国的标准化组织,成立了专门的"oneM2M"标准化协会。此后该组织扩大开放,吸收了更多的国家、组织和企业加入,并协同3GPP完善了机器型通信

（M2M）的技术标准。2015年初，增强版本的3GPP技术标准正式出台，机器型通信（M2M）从此有了大规模建设的底层平台。在不久的将来，随着5G网络的不断扩大，机器型通信（M2M）必将成为万物互联的基础，汽车、物流、制造等行业都将随之发生巨大改变。

终端直通（D2D）技术也是机器型通信（M2M）技术的一种表现形式，可以看作是机器间通信的一种特殊形式。在这种形式下，机器终端将不再依靠网络基站建立彼此之间的连接，而是依靠自身的无线信号和另一台机器终端取得直接联系。在终端直通这种连接形式下，两台或几台直接连通的机器终端在相互传递数据时，可以实现较高的传输速率和较低的时延。更可贵的是，这种直通连接形式可以减少骨干通信网的传输压力，并且节约基站站点和骨干通信网的能耗。在通信网络和基站受损的情况下，还可以维持局部的终端通信需求，使得脱离了网络连接的终端不至于成为通信联络的孤岛。

为了实现终端直通（D2D）技术，3GPP和WiFi联盟主导了相关的技术标准制定，并从4G时代的R12、R13版本，延伸到了5G时代的R14和R15版本。有了相关的技术标准，终端直通（D2D）技术还需要解决个体终端之间的识别和连接问题、资源调度和干扰问题，以及实时性和可靠性问题。

在识别和连接方面，因为个人和机器终端主要是为连接基站和网络而设计的，终端直通（D2D）技术首先就要解决设备终端的相互识别和连接问题，在没有骨干网和基站定位识别辅助的情况下，设备终端之间的信道探测一般而言是盲目和低效的，只有解决了这个问题，才能实现终端之间的数据直通。

在资源调度和干扰方面，设备终端同样需要在没有骨干网和基站的帮助下，把自己变成一个合格的路由器，这才能在现实复杂的环境中，顺利实现终端直通。为了消除干扰，并实现终端设备之间的资源调度，5G终端设备在设计之初就要具备一部分路由器的功能。

在实时性和可靠性方面，每个进行终端直通的终端设备一方面要被其他终端探测到，并建立连接，另一方面则还要承担数据转发和暂时存储的任务，在保证连接可靠性的同时，必然会涉及终端设备本身的数据安全问题，这就需要在5G终端设备设计之初，就按照相关的技术标准规定必要的权限，否则，终端用户必然会抵制这种不安全的连接。

终端直通（D2D）技术在5G时代有着广阔的应用前景。比如，在车联网的应用场景下，如果一辆无人驾驶汽车突然发生故障，威胁到周围其他车辆的安全，终端直通（D2D）技术就可以不管当时的5G网络平台是否可靠，直接向周围的汽车发出直通信息，使周围汽车即时规避，避免更严重的连带事故发生。在地震、海啸等自然灾害中，如果网络基站和骨干网遭到大面积损坏，具备终端直通（D2D）技术的5G设备终端则可以在一个小范围内建立起彼此之间的联系，使救援抢险的目的更容易达成。

六、内容分发网络技术（CDN）

在移动通信网络的发展过程中，越来越多的终端用户开始习惯于通过移动网络访问互联网的各大门户网站，并随时使用各大网站的音/视频资源、应用程序和其他文件，由于终端用户在访问这些网站时具有时间和地点的不均衡性，所以总会在一些网络节点造成堵塞现象。这种情况仅靠增加网站服务器的计算能力和扩大骨干网的传输能力并不能有效解决，就像八车道的高速公路变成十六车道的高速公路后，也会在一些路口交汇处形成堵塞一样。为了改变这种情况，网络设计工程师开始转换思路，探讨避开那些容易堵塞的网络节点，把网站内容通过其他方式放置到靠近终端用户的方法。

1996年，美国麻省理工学院的一个研究小组想出了一个建立内容分发网络的主意，经过试验，效果良好，于是1999年出现了专门使用内容分发网络技术（CDN）为各大网站和电信运营商服务的公司。

需要指出的是，内容分发网络并不是再建一个实体网络，而是依附于现有网络基础上的一种虚拟智能网络。它主要是通过在现有网络的各个网络节点附件搭建虚拟的内容缓存设备和交换路由器，然后再通过虚拟的内容管理系统进行管理。这样，在终端用户提出针对网站内容的访问请求时，内容分发网络就可以智能地判断出终端用户在网络上的位置，然后就近调用内容缓存设备中的内容提供给网络终端用户。

可以看出，这种内容提供方式可以有效避开移动通信网和互联网上各种影响数据传输速度和稳定性的瓶颈环节，使终端用户获得良好的使用体验，是一种非常实用的网络支撑技术。也正是因为内容分发网络技术（CDN）的这种良好使用前景，使得全球各大网站和电信运营商都在不遗余力地发展这种技术，而专业的内容分发网络技术公司也层出不穷。目前，国内的网易、新浪等各大门户网站都已经使用了内容分发网络技术（CDN）。中国移动、中国电信等各大电信运营商积极开发应用内容分发网络技术（CDN），为的就是吸引更多的互联网公司使用自家建设的骨干通信网，而专业提供内容分发网络技术（CDN）的公司更是发展迅速，有望成为电信运营商和各大互联网公司的必要补充。

在5G网络平台已见雏形的当下，内容分发网络技术（CDN）仍然有巨大的发展空间，这是因为，在5G时代，高网速、低时延、大带宽是5G平台的主要特点，终端用户对极致的使用体验视为理所当然，但在实际应用环境中，虽然网络平台的带宽已经今非昔比了，但无数终端用户的数据使用量却也大大增加了，基于这些原因，5G网络平台的某些网络节点仍然有堵塞的可能。为了避免这种情况发生，内容分发网络技术（CDN）就要继续在5G网络平台上发挥重大作用。而为了发挥内容分发网络技术（CDN）的应用优势，则需要从流媒体自适应、网络智能节点和基站无缝切换等方面有所突破。

在流媒体自适应方面，因为5G网络平台要满足大量移动终端用户的多媒体播放需求，除了在带宽方面要满足需求外，还要能够在不同的移动环境下，动态判定终端用户的端口变化情况，并且能够实时转换不同的文件格式，同时调整播放内容，这样才能避免画面卡顿、掉帧、音频不连续等现象发生。

在网络智能节点方面，5G网络平台需要考虑使用一些新的TCP传输协议来充分优化边缘节点技术，利用5G平台的网络空闲窗口，将需要分发的平台内容打包传输。这样，5G网络的带宽优势才可以充分发挥，终端用户的使用体验也可以得到保障。

在基站无缝切换方面，主要是指以前的内容分发网络技术（CDN）无法感知整个网络平台的传输位置变化，也就是说，一旦传输中转的基站变化之后，终端用户的播放申请就要重新进行。但在实际应用中，因为终端用户的位置经常变化，所以播放要求的反复申请就会影响内容分发的效率,这就需要内容分发网络技术(CDN)要用会话保存的形式,来保障终端用户在内容分发时,不会因为连接基站的变化而产生卡顿。这也是内容分发网络技术(CDN)需要适应移动用户需求的发展方向。

5G商用前追后赶

2019年前后,随着美国、韩国、中国等多国相继宣布正式开展5G网络建设,并发布5G牌照,全球都看到了5G网络到来的曙光,相信一个新的移动通信时代正在大步走来。目前,5G网络的基站设备和网络设备已经基本符合商用要求,多个国家的多家企业也各自发布了适用于5G网络的终端手机设备,在不远的将来,各种可穿戴设备、工业设备等多元化的5G终端也将陆续面世,可以说,5G新时代已经就在眼前。

但是当前全球的5G发展却呈现出复杂的国际局面。可以看到,除了各国政府、各家企业明面上的竞争以外,一些在4G和3G时代占据优势地位的国家,为了长期维持自己的优势地位,已经开始以各种理由,特别是安全方面的理由,对我国企业进行打压,这种"拉偏架",不顾正常市场发展的行为,已经对我国的一些先进企业造成影响。但我国企业既然已经在5G的网络技术、产业标准等方面展现出了自己的实力,相信只要沉着应对,据理力争，就能在将来扭转这种不利局面。

美国为了在移动通信网络领域继续保持领先地位，于2018年9月推出"5G加速发展计划"，在频谱、网络监管和基础设施政策方面发布了很多有利于5G发展的措施。该计划主要内容如下：一是要为5G网络提供更多频谱，除了向各运营商拍卖以外，还要将一些中低频段收回重新发放；二是鼓励私营部门投资5G网络，予以税收减免政策，并加快政府审查，以此来加快5G网络建设；三是废除陈旧的电信法规，为5G发展铺平法律道路，努力确保美国的5G通信产业相对完整，并保持领先。目前，美国多家移动运营商已经在美国多个城市展开了5G网络部署，而且这些运营商还都计划在短期内迅速扩大部署。

不过，美国因为基站建设方面的限制和使用了非主流的频谱，所以貌似先行一步，却并没有多大的优势。

先说基站建设方面。因为体制原因，美国的电信运营商都是以私人运营商为主，为了自身利益考虑，往往只会在人流密集的城镇地区建网。而在郊区、旷野这样偏僻的地方，因为土地权属和建设成本方面的考虑，很难促使这些运营商去积极建网。但是经常使用无线网络的消费者都知道，无线信号要是没有连续性，到某一个区域就减弱或消失，那用户的现实体验则会大打折扣。

而中国的情况有所不同，据德勤咨询公司发布的报告显示，中国已经花费了大笔资金用来改造升级可以用于5G网络的4G网络基站。美国与中国相比，花费的资金相差240亿美元，已经改造成功的基站数量，也相差超过30万座。可以肯定，在积极建设5G网络基础方面，中国政府没有等待。

在国内5G政策的影响下，中国三大电信运营商都有各自庞大的5G网络建设计划，预计在一两年以内，4G、5G网络可以共用的NSA制式基站就可以覆盖中国绝大多数城市和乡村，而等到5G终端基本普及后，5G网络专用SA制式基站将全面铺开。

再说频谱利用方面。早在5G技术研究之初，面对各种不同的频段特性，中国的通信专家经过缜密分析和研究，认为适合于5G网络应用的，应该是中低频段的毫米波，所以，许多相关技术研究都是基于这一频段展开的。而且，分配给中国三大移动运营商的5G频谱也是基于这一基础进行的。这就相当于给运动员画出了跑道，相关运动员如果不是在自己的跑道内跑出好成绩，那只能判定为犯规。

但美国的情况有所不同。因为美国的军用无人机发展得比其他国家早，为了控制他们庞大的无人机群，美国有很大一部分频谱早就已经划给军方使用了，而这一部分频段就包括最适用于5G网络的频段。这在美国5G技术的发展道路上，基本上是一个不可逾越的障碍。

于是美国的5G技术研究只能在更高频的毫米波频段上展开，按照美国的说法，这些频段可以实现更高的速率，承载更多的信息，但是通信专家明白，在这些频段开展5G研究，会面临更严重的信号传输问题，而能否解决这一问题，科学界并没有十足把握。所以，为了自身利益，许多国家都没有跟随美国的5G研究脚步，而美国基于更高频毫米波的研究，最终也没有被列为5G网络的技术标准。

除美国外，韩国政府也在2019年发布了自己的国家战略，这个称之为"5G+战略"的国家计划，宣布要在韩国境内打造一个世界顶级的5G生态圈。日本政府对待5G技术的态度也很明确，那就是绝不打算在这场竞争中缺席和失败。在日本政府的关注下，日本技术人员重点研究了13种5G应用，并着重突出开展

5G商用。

在欧洲，瑞士的5G应用脚步也迈进得十分迅速。他们在2019年已经实现了5G商用，而他们所选择的主要应用频段和中国一样，也是3.5GHz频段，这在瑞士"5G商用发布会"上早有说明。

中国的5G研究和上述国家类似，也是在政府相关部门的指导下进行的。在确定了技术方案之后，通过学术界和企业界的共同努力，已经在各项关键技术上实现突破，现在已经可以进行系统组网了。而这些成绩背后的支撑，就是中国在5G专利方面的全面赶超。据相关专利数据库的信息显示，按照国家顺序排名，中国排第一，美国排第四，日本排第六，中国的专利数迅速上升，和中国在这一领域的成绩是匹配的。而如果按照公司顺序排名，华为当之无愧排在第一，诺基亚排在第二，中兴通讯排在第三，三星排在第四，华为、中兴通讯实现了逆袭。

在现有的各类国际标准组织中，中国的电信企业和研究机构早已是其中的重要成员，仅在3GPP 5G标准组织中，中国电信企业拿出的5G技术标准提案就占到了全部提案的40%。中国有底气面对各种挑战。

其实，外界的竞争和干扰从来就是促进中国发展的强大驱动力。中国的5G设备和5G网络初步具备后，各种产业应用融合也马上开展起来。这其中，北京建立了一个开放式的5G自动驾驶示范区，开始验证在5G网络环境下，低时延、高速率将怎样促进自动驾驶技术发展；重庆则建设了一个5G试验区，它的特点是实现了连续覆盖，在这个试验区内，各种和5G技术相关的技术和产业都可以得到实际验证。

可以预见，随着5G网络的逐步实现，5G技术带来的改变将深入我们生活的方方面面，届时，举凡教育、医疗、娱乐、制造业等各个行业都会在5G的框架下，重新定义自身行业的发展方向，只不过这一次的改变，相信会大大超过3G时代、4G时代的移动通信网络带给人们的震撼。这也许就是各国各企业在5G领域前追后赶的原因吧？

不过，对于信息技术主导权的争夺并不是现在才这么激烈的。事实上，从无线通信技术诞生以来，各国各企业刀光剑影般的竞争就从未停止过。

网络部署折射真正实力

经过多年的酝酿和研发，5G如今已经真切地走到了大家的眼前，作为一种社会基础设施，人们相信，5G网络将在各个方面彻底改变人们的生活，但是因为5G网络的部署涵盖了接入、传输、核心网、网管等各个方面，如何经济而高效地部署5G网络，仍然是一个不小的挑战。

据估算，用于5G网络的部署费用会比4G时代增长50%以上。而且由于频谱效率问题，5G基站的建设密度也会明显高于4G。根据4G网络建设的经验推算，仅中国三大运营商在2021—2023年间就需要建设大约400万座5G基站，这个数字比当初4G基站的建设数量增长27%左右。其中，中国移动需要建设200万个基站，中国电信和中国联通也各自需要建设200万个基站。而且，由于5G基站采用大规模天线技术，基站单价会明显提高。另外，5G传输网支持网络切片技术，部分传输网需要全部新建。所以，在我国三大运营商在4G基站投资的大约7450亿元建设成本还没有完全收回的情况下，用于5G网络的投资可能高达1.1万亿元以上。类似的成本压力，不仅我国需要面对，其他所有打算大规模建设5G网络的国家和地区都将面对。

而从更全面的角度讲，5G时代，资金压力是一方面，运营商在面临技术选择、设备选择和路线选择时，也必须慎重考虑，一旦失误，造成亏损尚是小事，若是从此被挤出通信行业，则是生死大事。

具体而言，5G网络的复杂性可以体现在多种技术的融合上。因为5G网络为了实现低时延、高速度、泛在网等特性运用了许多新型技术，和过去4G网络的运行维护模式有很大不同，技术上的复杂度几乎提升了一个数量级。但是也正因为这样的复杂性，5G网络才可以在生产生活中大显身手，发挥比4G网络更显著的作用。移动运营商也只有在网络部署时把这些5G的特性发挥出来，才能为自己创造更多的盈利增长点。

从技术和投资的角度讲，一方面，从以往的经验看，新一代移动通信网络的部署从来都是耗资巨大的系统工程，牵一发而动全身。据相关报道，中国移动对于4G网络基站的投资，至今尚未收回，如今又面临5G基站部署的庞大投资，不能不谨慎从事；另一方面，因为各个国家和地区的电信运营商在部署5G网络时，面对的具体情况各不相同，运营商必须基于自身的传输网络基础，充分考虑5G网络的架构、5G基站的部署模式来选择最适合自己的传输网络改造方案，这一摸索过程尚在进行中，所以，

5G网络部署在不同国家和地区，以及在不同运营商手上就会呈现出不同的面貌。

而从时间和效益的角度讲，既然全球的各个政府或组织都对5G的美好前景达成共识，那么运营商们急早卡位，抓紧时间积极抢占5G第一梯队就是至关重要的了。这里面，有美国、韩国、日本这样的传统电信大国，也有墨西哥、巴西、智利这些在移动通信领域未曾拔过尖的国家，但就算是那些4G网络尚未完全覆盖的国家都懂得，5G网络建设部署已经刻不容缓。可以说，大家看待5G的心情都是一样的。不过，因为无线通信网络自身的特点是，必须形成规模以后才有良好的使用体验，所以抢得早的也未必就是最好的。比如，最早进行5G商用的韩国，其5G用户截至2019年6月底就已经达到165万人，也算是在一个时间段内占据了先发优势，同时韩国还在首尔及周边地区建成了不少于5万座的5G基站，但现实是，就算是在首尔地区，5G终端用户仍然会发现在很多地方不能接收到5G信号，这自然被广大用户广泛诟病，而其他率先开通5G网络的美国部分地区和英国部分地区也都面临着同样的问题，甚至一度被戏称为"假5G"。所以说，5G网络的部署，慢了不行，快了也不行，选错技术和路线更不行，是一个必须综合考虑的问题。

现在就让我们来看一看5G网络的部署究竟都有哪些难题和争执。

按照现在的技术水平，绝大部分在建的5G网络都属于NSA非独立组网架构，这种网络架构有一定的先发优势，也可以很直观地发挥出5G网络增强移动宽带的特点，还可以利用原先的4G基站进行直接升级。但是，这种部署方式毕竟只能算是从4G+到5G的一种过渡解决方案，而且因为要兼容4G网络，技术的复杂度也不算低，成本费用也不算小，最关键的是，这种网络部署方式不能充分发挥5G网络的技术优势，特别是在低时延和泛在网方面的要求。所以，假以时日，5G的网络部署必然还是会走向SA独立组网架构的道路。不过SA独立组网架构是一个近似于推倒重来的网络部署方式，除了网络设备、资金方面的考虑之外，适配的5G基带芯片和5G终端设备也必须比较成熟后才能进行建设。现在各大运营商和通信设备企业一边部署非独立组网架构，一边积极准备部署独立组网架构，也算是一种审慎而又积极的姿态。

　　前面说过，因为大多数运营商已经在4G基站上投入了大量的资金，所以，从保护投资和设备的可延续角度讲，很多运营商希望部署NSA架构网络。而且从现实角度出发，现在几大基带芯片厂商早期发布的5G基带芯片，也大多支持非独立组网架构，所以非独立组网架构的设备也比较成熟。而从频谱技术角度讲，因为5G网络使用的一部分毫米波频段，绕射能力较差，为了保持无线网络的连续覆盖性，用4G网络来补充现有5G网络覆盖不到的地方，也不失为一种经济又便捷的解决方案，所以，5G时代的前期由非独立组网的网络架构开始，是基本合理的。

　　但是，假如运营商能够获取3.5GHz的主流频段，同时又能获得支持独立组网的设备支持，则直接建设独立组网的5G通信网络，可能更加合算。这是因为，在这一主流频段下，5G网络信号的缺点可以被有效抑制，5G网络的优点却能充分发挥，如果直接建设独立组网的架构，还可以避免重复投资，所以，这也是一种特定情况的特殊办法。

　　现在的现实情况是，很多移动运营商发布的是庞大的建设计划，实际做的却像是把少量的5G网络当成一个展示样品的窗口，而且用非独立组网架构部署的5G网络也可以很直观地表现出5G网络速度极快的特点。这样做之后，既能少花钱多办事，卡位占先，获得口碑，又能够坐等将来5G通信设备技术更成熟，并大幅降价。这也许就是一些通信运营商的背后打算。

但是假如政府和广大终端客户对移动运营商正在建设的5G网络提出更高的性能要求，比如，完全按照政府曾经发布的《5G愿景白皮书》上的要求，达到5G应有的上传和下载能力的话，非独立组网的NSA架构就不合适了。在这种情况下，只有独立组网的SA架构才能达到《5G愿景白皮书》中的各项要求。

网络架构之外，如何在现在的4G基站网点中重新纳入5G基站也是移动运营商需要考虑的问题。现阶段的基站部署规划中，多频段、多制式共同运营是大部分站点的工作常态，中国铁塔公司也为各大运营商共同铺设站点提供了良好的基础设施。但是，现在的多数站点上网络通信设备已经非常密集，很难再增加5G通信设备。而众所周知，新建站点不仅地址不好获得，而且投资成本也很高，在一些建筑物密集的城区，更是有钱也不一定找得到修建地址，所以，5G网络的部署也必须考虑到这些实际问题。

不过，借助5G网络的新技术，这一难题也并非不可解。在这方面，5G网络设备特有的多频段无源多面天线技术，可以为网络设备的整合和优化提供新的思路。在这种技术出现后，不同扇面的天线服务可以经由新型设备得到整合，从而释放出不同位置的天面空间。这样，就可以在不增加站点的情况下，对5G网络设备进行部署，同时降低运行和维护成本。

而在另一个方面，5G网络的网速、时延、容量等技术指标虽然大大优于4G网络，但是因为毫米波的频段特性，5G网络的基站传输距离肯定不如4G基站，5G基站的覆盖范围自然也就小于4G基站。根据测算,为了覆盖相同大小的面积,5G基站可能需要部署的数量大约要达到4G网络的4～5倍,这无疑会加重移动运营商的建设成本。为了改善这一情况,在一些5G网络信号覆盖的难点和边缘地区,使用5G微基站进行补盲,就成了一种必要的补充手段。这种微基站体积小,重量轻,可以方便地部署在广告灯箱、电梯井或外墙墙角等处。在人流密集或有大型活动时,也可以快速解决网络拥堵问题。

总而言之,5G网络部署是一个综合性问题,其中任何一个小问题都可能影响移动网络用户的使用体验,任何一点规划偏差,也可能让移动运营商多付出几十甚至上百亿元的建设资金,这还不算之后的运行和维护成本,所以,科学部署、认真规划仍然属于5G网络建设不可小觑的环节。

从以往的建设经验,并且结合中国的特色来看,在中国铁塔的基础上,国内几大移动运营商先是统一制式,协商处理好铁塔布置范围,然后再各自采购适合自己的设备,共同以先建设非独立组网的5G网络,再建设独立组网的5G网络的形式来进行5G网络的部署和建设,应该是一种现实而又科学的解决办法。这种办法兼顾解决了5G基础设施共建共享的难题,又保持了各运营商各自的特点,是在充分共享公共资源的基础上,来降低5G网络的建设成本,并加快5G网络的部署速度。

5G网络的部署和建设除了物理设备以外,设备的功耗问题也必须有所关注。因为5G基站引入了多进多出技术和多天线技术,可以预计,单个5G网络基站的能耗将超出4G网络基站的能耗许多,通过不同厂家的基站设备综合测试,这种差别大概在4倍左右。而目前已知,中国的4G网络基站大概有370万个左右,5G网络基站将超过4G网络基站4～5倍,所以,整个5G

移动网络系统最终使用的能耗将是一个惊人的数字。为了控制这方面的支出，各大移动运营商在不降低5G网络技术指标的情况下，积极通过数字编程技术控制每一个基站的能耗，让基站内的各组成部分只在需要工作时才耗能运转，其他时间则休眠待机，如此一来，虽然每个基站节约的能耗只有一点点，但几百万个基站节约的能耗将是蔚为可观的。

纵观全球，可以说，中国各大移动运营商在5G网络的部署上，虽不是最早最快的，但却是脚步最坚定的。我们有理由相信，中国在5G网络的部署之争中不会让人失望。

但是，网络部署就意味着使用体验，在这方面，没有一个国家肯放弃自己的努力，就算是在4G时代因为各种原因，部署的4G基站远远少于我国的美国也在不断总结经验教训，他们不仅没有丧失创新能力，还提出了一些十分新颖的想法。

2019年4月，分别隶属于谷歌和软银旗下的两家公司，在纽约布鲁克林举办的一次关于5G技术的讨论上宣布，他们两家公司将结成战略合作伙伴关系，研究5G网络部署的新形式。而根据这两家公司提供的宣传材料，他们设想的是要利用太阳能气球和无人机来研究空中部署无线网络基站的可能性。这两家公司宣称，这种部署方式可以极大地扩展移动通信网络和互联网的覆盖范围，并且有很好的部署灵活性，他们相信，5G网络服务可以通过这种方式快速部署，从而避开漫长、复杂的地面基站建设。

这无疑是个脑洞大开的构想。谁都知道，一旦这种空中基站的商业化得以实现，那5G网络的部署一定会呈现出不一样的风貌。

首先，空中无线网络基站无疑具有快速布网的优势。可以想象，在一些重大活动中，如果现场使用无线终端的人数众多，可能造成无线网络堵塞或崩溃，空中无线网络基站这时就可以快速扩充网络容量，提升用户体验。另外，在发生暴雨、山洪或者海啸等重大自然灾害之后，原有的陆地网络基站肯定会被大量损毁，逐步抢修也会耗时耗力，这时由太阳能气球或者无人机携载的空中基站就可及时深入灾区，快速补网，为及时救灾做出贡献。

其次，空中无线网络基站在一些特殊的地区会有独特的布网优势。比如，在一些偏远山区或者荒漠地带，如果建设地面基站，既耗资巨大，又难以维护，同时因为用户稀少，也难以摊薄建网成本，这时空中无线网络基站相对于地面基站反而可以呈现出成本优势，兼之组网方式灵活，可以随建随用，无人使用时就撤回，所以也不失为一种更好的选择。另外，这对于偏远地区那些难以接触到无线网络的人们，也会有特殊意义。

最后，对于未来生活中越来越重要的空中管制而言，空中无线网络基站将能发挥更重要的作用。它会成为空中管制的有效补充手段。同时，空中无线网络基站对于指挥和管理现代生活中越来越多的无人机也大有益处。那些一度难以追踪的小型无人机，将在空中无线网络基站的管理下，切实明白哪里是它们的乐园，哪里是它们的禁区。

值得欣喜的是，如此有创意的想法并不是谷歌或者软银公司用来拉动股价的噱头。根据后续消息，他们已经在现实世界中赢得了第一份商业合同，他们将在地域广阔的非洲国家肯尼亚，与肯尼亚运营商一起合作，为那里分散居住的近5000万名公民提供移动电话服务。这说明，空中无线网络基站的想法符合很多人的预期。

除此以外，美国太空探索技术公司的"星链计划"，也是一个令人瞩目的网络部署解决方案。

早在2015年1月，美国太空探索技术公司的创始人埃隆·马斯克就宣布要利用自家的可重复使用火箭，将大约1.2万颗通信卫星部署到地球的近地轨道上，构筑一个距离地面340千米、550千米、1150千米的三层卫星网络。2018年2月，太空探索技术公司利用"猎鹰9号"火箭，在将西班牙"和平号"卫星送入太空的同时，还将代号为"丁丁-a"和"丁丁-b"的两颗实验通信卫星发射到太空，并展开了相关测试。随后，从2019年5月到2020年4月，太空探索技术公司又利用"猎鹰9号"火箭进行了七个批次，每次60颗卫星的太空部署，至此，太空探索技术公司已经部署了420颗卫星。而根据太空探索技术公司2019年10月提交给美国联邦通信委员会（FCC）的备案资料，太空探索技术公司将在2027年以前，完成1.2万颗卫星的部署，后期，甚至要达到令人恐怖的4.2万颗卫星。

这么庞大、宏伟的计划，不能不让人想到三十年前，摩托罗拉公司的铱星计划。但太空探索技术公司的星链计划和摩托罗拉公司的铱星计划也确实有很大不同，其中最大的不同就是，首先，太空探索技术公司拥有自己开发的、可重复使用的猎鹰系列火箭，这对于太空探索技术公司控制部署成本、掌握部署计划的主动权有很大的好处。其次，星链计划和铱星计划的定位也稍有不同，按照太空探索技术公司的说法，该公司的星链卫星群将为全球民航客机、高端豪华邮轮、沙漠山区等传统地面基站难以覆盖的地区，提供低成本的互联网接入服务，也就是说，在覆盖人群和成本控制上，星链计划比铱星计划更有信心。最后，在技术上也不同，星链计划的卫星部署轨道比铱星计划的卫星轨道更低，而且是22颗卫星连成一串，所以，传输效果会更好。

星链计划的最终结果虽然还不可预知，但太空探索技术公司对这一计划的前景似乎很有信心，甚至认为，凭着自家可重复使用系列火箭和星链计划的盈利前景，还可以支撑将来的火星探索计划。自信之情，溢于言表。

但星链计划也绝非无人质疑，其中最令人担心的是该计划庞大的卫星发射数量。要知道，迄今为止，人类在六十余年的太空探索过程中，也不过就发射了9000多枚人造天体，目前在轨的在2000颗左右，而星链计划的4.2万颗通信卫星如果全部部署到位，对地球的太空环境会造成什么影响，将难预料。

据报道，2019年9月2日，欧洲航天局所属的一颗名为"风神"的气象卫星，差点和太空探索技术公司的星链通信卫星发生太空碰撞，还好欧洲航天局对所属卫星进行紧急变轨，才避免了一起重大事故的发生。不难想象，4万多颗卫星在近地轨道来回穿梭的时候，人们要花多大精力来避免类似事故的发生。

另一方面，庞大的星链卫星群也引起了国际天文学界的不满，他们认为，在不能确定星链计划的卫星群会对地球地面上的天文观测产生何种影响以前，太空探索技术公司的星链部署计划不应该如此着急地推进。为了表示他们不是说说而已，已经有国际天文学家组织表示，他们将向国际法院提出诉讼，以达到对星链计划的某种监管。

而除了这两方面的质疑以外，看到在太空中部署通信卫星的巨大优势的，也不止太空探索技术公司一家。2020年5月，中国联通属下的联通航美公司就在中国浙江省举办的一次卫星通信展上，集中展示了沃星海、沃星陆、沃星空、沃星图四大卫星通信系列产品，展示了中国企业对空、天、地、海一体化应急通信的认识水平和服务能力。虽然在现阶段，中国的太空通信部署还侧重于应急抢险方面，但可以看出，中国在这方面的行动绝不是空白的。

由此看来，5G网络部署之争远未落幕，未来一切皆有可能。

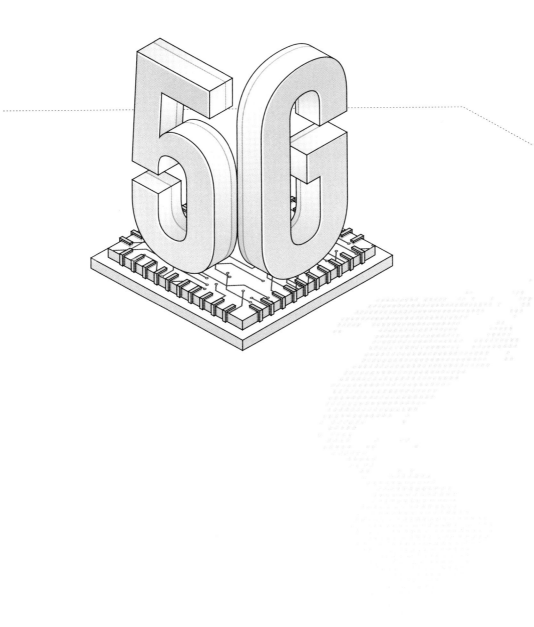

第四章

群雄逐鹿

在移动通信行业的竞争中，国家、企业、科研院所全都是重要的参与力量。每一次通信理论和技术上的小小进步，都会很快在实际应用中掀起轩然大波。在这场竞争中，有时一点点技术优势就意味着重大的经济和社会利益，所以，企业也好，国家也罢，都不能在这场竞争中稍有懈怠。但是，"江山代有才人出，各领风骚数百年"，移动通信领域里的各种经验教训也是极其深刻的。这里面有壮志未酬的辛酸，有老谋深算的狡诈，也有不讲道理的霸凌。但可喜的是，几十年来移动通信事业的脚步没有被这些阴暗面拖住，改变行业面貌的关键技术仍然有人在大力研发。我们希望看到，所有的竞争都是良性的；我们也必须小心，某些猎鹿者的别有用心。

国家战略层面的引导作用

世界各主要国家和地区早在多年前就积极开展了针对5G各个层面的研究，这其中，行业组织、企业和大学虽说都积极加入其中，但它们的侧重点毕竟不同。大学注重的是理论概念，往往"务虚"较多；企业注重效益，对成本控制尤其看重；而行业组织权力有限，眼光有限，往往只起到一个收集意见、归纳整理的

作用，缺乏全局眼光。这个时候，国家层面的战略指导就必不可少了。下面我们就看看各个国家或国家联盟是怎样从国家层面来对待5G的。

一、欧盟的战略

欧盟的5G战略是最早通过"5G NOW"这个研究项目规划的，而这一规划早在2012年就已开始进行了。从那时起，欧盟各国科学家和技术人员就已经开始分门别类地对5G各项技术进行科研攻关。

而另一项2012年11月正式启动的5G科研项目，则对5G的重点关键技术开展了研究，该项目持续时间为两年半，投资总计达2700万欧元，分别对5G的应用场景、适配5G的多天线技术、适配5G的频谱范围、5G新型空口技术、5G新型网络架构技术等各门类进行分别研究。

该研究项目希望达成的5G技术目标包括：移动数据流量增长1000倍；典型用户数据速率提升100倍；速率高于10Gbps；联网设备数量增加100倍；设备电池功耗降低10倍，大大延长续航时间；端到端时延缩短5倍。

在5G应用场景方面，该项目提出了12个典型的5G应用场景，包括5G在生活场景中的应用，在工作场景中的应用，在大规模工业互联网场景中的应用，以及在密集城区办公中的应用等方方面面。在这些应用场景下，研究项目还要分析和解决：每一个具体场景下的用户分布特点，用户对移动通信网络的使用特征和要求，以及新一代移动通信网络为了满足用户需求，应该具备哪些关键能力。在业务方面，该研究项目提出了增强型移动互联网业务、大规模M2M（机器类）通信和低时延高可靠通信等5G业务。

通俗来讲，欧盟对5G的要求可以概括为：快、密、全、佳、实。快：就是前所未有的高速率；密：就是支持人口密集地区的优质通信；全：就是支持各类联网设备；佳：就是最佳体验如影随形；实：就是超实时、超可靠。欧盟要求5G技术必须支持推出对延时和可靠性有更严格要求的新应用。

到2014年，为了融合更多力量进行5G技术研发，欧盟又启动了"5G公私合作"计划，该项目令很多私人机构加入其中，总投资达到14亿欧元，并将之前欧盟技术部门研究出来的各项成果交给这一计划的参与者，作为研究基础，为的是更好更快地在5G技术研究上有所突破。

"5G公私合作"包含三个阶段：

第一阶段（2014—2016年），基础研究以及愿景建设阶段，计划开展5G基础研究工作，并提出5G需求愿景；

第二阶段（2016—2018年），系统优化和预标准化阶段，计划进行系统研发与优化，并开展标准化前期研究；

第三阶段（2018—2020年），规模试验和初期标准化阶段，计划开展大规模实验验证，并启动5G标准化工作。

该计划在整个实施阶段，陆续在欧盟国家内发展了近800个各类会员，既包括了企业、大学、政府机构等各种部门，也涵盖了计算机、无线通信、软件安全、大数据等各种门类的技术研发力量。

二、中国的战略

中国政府对于5G的研究也十分重视，虽略晚于欧洲，但在2013年2月成立了IMT-2020（5G）推进组，然后在推进组的指导下，进行了5G研发策略、5G应用需求、5G关键技术研发规划、5G频谱应用规划、5G标准规划及国际合作等各方面的准备工作，具体的研究成果则主要通过几份白皮书，阐述了推进组对于5G的基本概念、将要达成的愿景以及将要采用的具体技术等一些方面的意见和观点，其中的主要观点已在全球取得了高度共识。

这当中，《5G愿景与需求白皮书》描述了推进组对于5G移动通信网络的愿景，并从技术驱动力、市场趋势、业务场景和性能挑战几个方面，对5G关键能力进行了阐述。指出5G需要具备高于4G网络10倍以上的用户体验速率，要实现每平方千米100万台设备的超高连接密度，还要具有毫秒级稳定连接的低时延性能，在网络容量上，5G网络应该比4G网络增加5～10个数量级，并且能够在高速移动中保持稳定的网络连接。该愿景指出，只有在这些关键指标数据上有所突破，新一代5G移动通信网络才能满足用户的预期，才有应用前景。

通过该愿景的描述，我们可以预期，5G移动通信网络在现实生活中铺开后，每个普通用户都可以享受到极致的上网速度和几乎感受不到时延的远程控制体验，到那时，5G网络将连接每一个用户身边的每一台设备，满足用户可以感知的所有智能场景，而费用成本却在速度提升百倍的基础上大幅降低，到那时，所有信息和连接设备都将围绕用户需求展开，信息社会的总体目标将真正达成。该白皮书表明，5G移动通信网络技术不仅要在传统的使用环境中达到用户的使用要求，在一些从前4G网络表现不佳的环境中，5G网络也应该良好地满足需求。比如，在一些人流密集、环境空旷的体育场或大型展会，再比如，在一些位置偏僻的地铁和电梯井，或者在高速行驶的汽车和火车上，以往在这些环境中移动通信网常常表现不佳，但在5G网络环境下，这种局面将被彻底改善。

而实现这一目标的途径就是实现5G网络的各项技术指标，根据该白皮书的描述，在规模和场景上，5G的设备密度最高达到600万个每平方千米；流量密度最理想时能够实现20Tbps/km^2；移动连接能力也可以实现在500km/h速度下正常连接使用。

在速率上，5G的用户体验速率指标为Gbps量级，5G的传输速率在4G的基础上要提高10～100倍。

在时延上，5G的时延降低到4G的1/10或1/5，达到毫秒级水平。端到端时延缩减到1ms，以支持虚拟现实、自动驾驶、工业控制等时延敏感型应用。不同于传统的4G业务，这些新业务有严格的端到端的时延要求。例如，在虚拟现实的环境中，通过操作杆移动3D对象时，如果响应时延超过1ms，用户就会产生眩晕感。

《5G概念白皮书》则全面阐述了5G网络的主要技术场景和实现方式。该白皮书指出，为了实现5G网络的各种特性，5G网络必须通过多种先进技术的组合来达到目的。比如，通过大规模天线阵列和超密度组网，可以有效提升5G网络使用的各个频段的使用效率，还可以几十上百倍地提升网络容量；通过改进多址编码技术和全频段接入技术，可以极大地提高网络传输速度，并且有效扩大移动网络的覆盖范围；通过创新网络架构，可以降低整个网络系统的能耗,并且可以满足车联网和新型工业互联网的需求。

另一方面,这些新型技术也可以更有效地支持云计算、大数据和人工智能等先进技术。这些技术和5G移动通信网络结合以后,对双方的促进作用将难以估量。

《5G无线技术架构白皮书》则是从网络空口技术方面,对5G无线网络的实现指出了一条技术发展路径。该白皮书认为,各种新型技术固然有利于实现下一代无线通信网络的特性,但是新通信网络继续保持对4G无线通信网络的兼容也是十分必要的,在一段时间内保持5G和4G的网络双连接形式,是对移动终端用户负责任的一种体现。

而另一份《5G网络技术架构白皮书》则是从网络架构的角度对5G无线通信系统提出了要求。这份白皮书指出,为了满足5G系统对不同应用场景的不同要求,新的5G系统应该具有在不同场景下适合不同需要的管理能力,这种管理能力结合不同的路由机制,可以保证用户无论是在城市人流密集区,还是工厂、码头那样的设备密集区,都能满足用户对于网络传输速率和时延等技术指标的要求。所以网络架构技术必须有所创新。

为了实现网络架构技术的创新,SDN和NFV技术就必须在新型网络中发挥重要作用。其中,SDN技术充分利用了软件技术的灵活性,在通信系统进行控制和转发等功能操作时,可以从整体视角判断通信网络哪一部分可能出现问题,然后灵活调动资源,让软件控制发挥出硬件控制的功能,以达到网络信息传输流畅的效果。

而NFV技术则是SDN技术的有益补充。如果说,SDN技术更善于从系统整体来看待通信网络的传输问题,那么NFV技术则更善于对通信网络进行分割切片，在NFV技术的帮助下，通信运营商可以把部分5G核心网通过软件控制，在不影响主网络的情况下，组建一个具有特殊应用功能的子网络。这样整个系统的灵活性将大大增加，5G网络的适应性得到充分保障。

三、日本的战略

日本的5G研究战略是由日本最大的移动运营商NTTDoCoMo牵头进行的。在联合了其他通信行业的相关企业和大学研究机构之后，最后由日本无线工业及商贸联合会对各类专家学者进行整合，成立了一个名为"2020 and Beyond AdHoc"的5G网络技术研究组。这个研究组差不多与中韩两国的5G研究机构同步成立，也诞生于2013年，其目的也是研究5G移动通信网络的基本概念、应用场景、各类关键支撑技术和预备使用的先进架构等，同时，这个研究组还承担与其他国家类似机构的交流任务。

日本这种以行业协会主导的战略研发模式，可以更多地呼应日本半导体企业和运营商的技术优势。在行业协会针对5G技术的概念、用户需求、频谱应用和业务预测拿出研究结果后，日本的半导体企业和通信运营商就可在自己的领域研究如何通过自己擅长的技术手段来高效经济地实现这些目标。

在日本行业协会研究组的讨论中，实现5G的框架路线大致有三种形式。

第一种是激进路线，即抛开原有的网络架构，重新搭建一个专门适合5G技术的网络架构，这样更有利于充分发挥5G技术的特点和长处。

第二种是以应用为需求的框架路线，在这种思路下，从前4G网络的各项技术指标也会得到大幅提升，但却是在现有成熟技术的支撑下实现的，也就是说，通过委婉的语言表述，不寻求激进的技术发展，只要达到用户的一定应用需求即可。

第三种则是从移动网络通信系统的发展角度出发，既要提升整个系统的性能，又要维护系统的稳定性，在提升技术指标的同时，不让不成熟的技术方案妨碍网络系统的稳定性，可以说是前两种框架路线的结合。

四、韩国的战略

韩国的移动通信发展战略一向是注重实践和应用，而不在乎研究战略的名号有多响亮，所以自从引进无线通信系统以来，虽然媒体没有报道多少韩国通信事业发展的大战略，但是韩国早已从无到有，从弱到强，发展成无线通信技术应用领域的大国。

韩国早在2013年6月就搭建了一个5G论坛平台，集合国内各主要移动运营和通信设备生产企业，以及高校等科研机构，展开5G关键技术的研究，并和国外机构展开合作。在其他国家还在积极论证5G商用的时候，韩国三星公司就在2014年演示了一个5G商用试验系统。后来，借着2018年平昌冬奥会的契机，韩国SK电讯率先在世界范围内推出5G应用网络，虽然这个5G系统在覆盖范围和用户体验方面还不尽如人意，但在5G应用上表现出来的抱负和雄心早已人尽皆知。

五、美国的战略

美国秉持自由主义的传统，一般不会为某个行业制定专门的国家发展战略，在移动通信技术上，美国一向走在各国前列，著名的贝尔实验室就曾是各国通信专家向往的圣地。如今的贝尔实验室在诺基亚收购阿尔卡特之后，已经是美欧共同拥有的研究机构，其地位已经不是三十年前那样高不可攀了。但是，美国的科研力量依然不容小觑，纽约大学理工学院和斯坦福大学在全双工通信技术、大规模天线技术和协作多点技术方面仍然走在世界各国前列。

另外在企业界，高通公司凭着3G时代和4G时代的技术积累，仍然是移动通信设备领域的重要生产者，全球各国的移动设备生产商和手机生产商仍然离不开高通的高性能芯片。高通的技术储备还足以支撑美国在各国的5G竞赛中，不被甩出第一梯队。

六、俄罗斯的战略

俄罗斯作为世界上颇具实力的国家，因为政治格局的原因，虽然没有世界知名的通信设备企业，但是俄罗斯在软件和大学内的通信技术理论研究方面仍然有它独到的地方。俄罗斯在5G方面的进程主要受困于高昂的5G建设成本。对此，俄罗斯的移动运营商希望以联合的手段，解决5G网络的研发和建设问题。毕竟，为了在广阔的俄罗斯大地推行5G技术，必须要有适合俄罗斯本土情况的特殊架构，才能同时兼顾5G网络的技术特性和建设成本问题,如果因为用户数量不足,而放弃了一些5G技术指标,那俄罗斯的5G网络建设就不能算是成功的。

七、巴西的战略

远在南美洲的巴西虽然不是传统意义上的移动通信强国,但在南美洲,巴西却是不可忽视的地区力量。为了维护自己的国家地位,巴西采取了一种与众不同的国家发展战略,那就是积极参与到欧盟、美国、韩国、中国和日本的5G研发计划中去。和上述国家和地区签订合作发展协议后,巴西所费资金不多,却能共享众多先进的5G关键技术,并使自己的研发人员得到锻炼。

借助这一战略,巴西5G移动通信网络的建设将不晚于其他电信大国的步伐,同时,巴西可以凭借优先获得的技术经验,把自己的5G网络向周边国家推荐。

八、澳大利亚的战略

澳大利亚的5G战略同巴西近似,但是凭借着自身同欧洲和美国的密切关系,澳大利亚即便没有在5G关键技术研发上做出重要贡献,仍然试图在5G网络技术标准方面表达澳大利亚的意见。这样做的目的,是为了使5G的技术标准能够考虑到澳大利亚的实际情况。因为澳大利亚的移动网络使用环境毕竟和亚欧大陆与美洲大陆的使用环境有很大不同。

澳大利亚的移动运营商在和欧美著名公司合作的时候,也更多的是考虑网络建设方面的实际问题,而不是研发问题。他们更希望的是在4G网络的基础上进行技术升级,而不是花费大量资金重新搭建5G网络系统。为了验证这一计划,在2018年英联邦运动会上,澳大利亚的移动运营商在欧美公司的技术支持下,进行了大胆尝试。预计澳大利亚将来的5G移动通信网络只会是一个适合澳大利亚本地使用的妥协产物。

城头变幻大王旗

在1G到5G的发展历程中,一些电信巨头功不可没。可以说,正是因为他们不断投入巨资,在市场上攻城拔寨,才为人类提供了技术越来越先进、功能越来越强大的众多通信产品。不过,在大浪淘沙的历史长河中,有的企业因为种种原因,如今已经成为大潮之后的裸泳者,有的企业则借助新的历史机遇,逐步崛起成为全球霸主。

一、摩托罗拉:大潮退后的裸泳者

假设一档知识问答节目向现场观众提出以下问题:

1969年,阿波罗11号从月球传回地球的第一句话,使用的是哪个公司的无线电产品?

1984年，全球第一款商用移动电话是哪家公司研发的？

1991年，德国汉诺威工业展览会上展示的全球首个使用GSM标准的数字蜂窝系统和电话原型，是哪家公司研发的？

1995年，哪家公司推出了全球首台双向寻呼机？

1996年，当时世界上最轻、最小的翻盖手机是哪家公司研发的？

1999年，全球首款触摸屏手机是哪家公司发布的？

2000年，全球首部GPRS手机是哪家公司研发的？

2000年，全球首部支持JAVA的手机是哪家公司研发的？

2002年，全球首款360度旋转翻盖彩屏手机是哪家公司研发的？

2003年，全球首款基于linux内核的手机是哪家公司研发的？

2004年，全球首款金属机身超薄翻盖手机是哪家公司研发的？

2006年，全球首款透明翻盖手机是哪家公司发布的？

2007年，全球首款采用魔幻触摸键盘的音乐手机是哪家公司发布的？

2007年，全球首款采用windows mobile操作系统的手机是哪家公司发布的？

2007年，全球首款香蕉滑盖手机是哪家公司发布的？

2008年，全球第一台采用柯达照相技术的手机是哪家公司研发的？

2010年，全球首款后空翻设计手机是哪家公司发布的？

2010年，全球首款采用Android2.0操作系统的手机是哪家公司发布的？

2010年，全球首款具有Android三防功能的手机是哪家公司发布的？

2010年,全球首款W/G/C三网通用手机是哪家公司发布的?

2011年,全球首款双网双待双核智能手机是哪家公司发布的?

类似的问题还可以问出成百上千条,但熟知移动通信发展史的人都知道,以上问题的答案其实只有一个,那就是"摩托罗拉公司"。

抛开以上问答题,应该也没人会否认摩托罗拉是一家伟大的技术公司,甚至可以说,早在苹果、华为扬名立万以前,摩托罗拉就是江湖上的传说了。但是,稍微了解一点科技史的人也都明白,摩托罗拉现在真的就快只剩下传说了。个中缘由,绝对令人唏嘘。

摩托罗拉公司的前身叫加尔文制造公司(Galvin Manufacturing Corp),创立于1928年,当时是以创始人之一的保罗·加尔文的名字命名的。它最早是生产汽车里的收音机的。因为找到了一种可以消除汽车引擎盖下面的静电干扰的办法,所以,该公司生产出了全球首个适合大众市场的汽车收音机,摩托罗拉就是这种收音机的品牌。在汽车收音机市场获得成功后,摩托罗拉当然会继续在半导体市场上发力,相继开发了很多面向公共安全市场的技术和设备,其中比较知名的有:美国警方使用的双向无线对讲机、战场上士兵携带的无线步话机,以及用于简单通信的微波无线电系统,等等。可以说,在1G时代以前,摩托罗拉公司就在无线通信设备相关领域积累了深厚的基础。历史数据显示,摩托罗拉在第二次世界大战以后,美国经济发展的黄金时期,其年营收从1959年的2.9亿美元,迅速飙涨至1990年的110亿美元,成为美国当时最成功的50家大企业之一。

当年的摩托罗拉顾盼自雄,几乎没有严重的外部竞争,公司负责人担心公司会从此失去动力,于是就倡导在公司内部展开竞争,这种竞争使摩托罗拉的两个主要部门——通信部门和半导体部门焕发出了巨大的活力,但也由此埋下了隐忧。

那时的摩托罗拉公司,硕大无朋,难免会有一些"大公司病"。公司内部的竞争也有些走火入魔,其中通信部门负责为政府机关和企业客户打造网络、无线电广播设备和手机,半导体部门则负责向通信部门和其他一些新兴企业提供芯片。这两大部门都有很多很好的发明,却长期没有融合计划,仿佛一驾马车下面奔向了不同方向的两匹辕马。

早在1973年,摩托罗拉的工程师就应芝加哥警察局的要求,发明了一种可以让巡警在街头巡逻时,随时可以和总部保持联系的通信设备,这其实就是最早的无线蜂窝式手机。出于一种美国式的幽默,摩托罗拉的工程师把第一通移动电话拨给了当时的竞争对手——AT&T的贝尔实验室。

但是直到1984年,这种革命性的产品才做好进入市场的准备。此后,摩托罗拉的手机业务部门迎来了大发展,而与之竞争的其他部门则难分一杯羹。

由于摩托罗拉的1G手机业务过于成功,所以手机部门迟迟没有展开2G手机,也就是由模拟系统向数字系统转变的过程,但其实,摩托罗拉当时并不缺乏相应的技术储备,甚至还因为数字网络的各种专利授权,带来了很好的收入。可是因为内部竞争的关系,20世纪90年代,当2G网络兴起时,摩托罗拉的网络工程师宁愿使用竞争对手高通公司的手机,也不愿使用自己公司的手机。这里面固然有部门相争的意气用事,但自家手机稍显落伍恐怕也是一大原因。

移动通信市场的残酷就在于,没有人会停下来等你,任何公司都要为自己的错误负责。等到北欧芬兰的竞争对手诺基亚公司借助欧洲和亚洲市场，超越摩托罗拉成为全球第一大手机厂商之后，摩托罗拉终于意识到，他们不仅有了竞争对手，还在一定程度上被人超越了。

面对这一严峻的形势，摩托罗拉毅然走马换将，希望在新的平台上杀出一条血路。而公司新总裁也不负众望，很快就决定投入26亿美元巨资，加入了一个总金额超过50亿美元的联盟，希望在铱星系统（Iridium卫星系统）领域开花结果。

根据最初的设想，铱星系统将围绕地球规划7条运行轨道，每条轨道上均匀布设11颗卫星，使得拥有77颗卫星的整个系统，像拥有77个电子的化学元素"铱"一样运转，这也是"铱星计划"得名的由来。当然，后来经过测算，摩托罗拉的工程师们认为6条轨道，66颗卫星也可以达到目的，但"铱星计划"的名字仍然延续了下去。

当时的摩托罗拉高层判断，只有用铱星系统才能提供蜂窝系统不能做到的全球全方位覆盖，一旦铱星系统投入使用，全球的其他通信网络系统都将丧失意义。为了实现这一构想，摩托罗拉在随后的几年里，不惜代价联系和动用了美国德尔塔2型火箭、苏联质子K型火箭和中国的长征2号丙型火箭，来承担铱星的发射任务，可以说，在20世纪90年代，摩托罗拉公司的铱星计划是最令人振奋的全球通信解决方案。

可惜，这个打算在无线通信领域一统天下的伟大构想，在1998年11月1日，摩托罗拉公司宣布铱星系统正式启用半年后，被迫陷入了申请破产保护的窘境。因为普通消费者发现，售价达3000美元的铱星手机不仅十分笨重，而且其每分钟高达7美元的通话费也太昂贵了。毕竟，在这个地球上，人们联系最多的还是身边不太远的熟人，而不是地球另一边的别人。想象一下，同一城市的两个朋友没事时用铱星系统闲聊,恐怕只有真正的土豪才能如此不计成本。而更糟糕的是,原先设想的各类高端用户,也没有积极拥抱这一系统,因为高端用户对于不能在室内和车内使用,并且信号不够稳定的铱星电话也不感冒,同时,从实际需求上讲,就算是高端用户,也没有多少必须随时随地全球通信的需求。摩托罗拉公司的这一构想,是技术和创新上的伟大实践,但却是违背市场需求的典型案例。那些花费巨资送上地球轨道的66颗卫星,也只能在之后的两年时间里,渐次脱离轨道,在地球大气层中默默烧毁,而烧毁这些卫星的费用,高达3000万美元以上。

屋漏偏逢连阴雨。在摩托罗拉点错了科技树的时候,又偏偏遇上了2000年美国科技与电信股泡沫的破灭,摩托罗拉的股价连续遭受重创。另外,2001年的"9·11"事件使美国的营商环境大为改变,2002年的非典事件又使各国的进出口次序大受影响。受这种大环境影响,摩托罗拉的国际供应链和产品销售网络都出现了严重问题,于是本来口碑还不错的摩托罗拉通信设备销量大受打击。根据公司年报,只在2001年,摩托罗拉就亏损接近40亿美元,营业收入也剧降近80亿美元。由此,摩托罗拉被迫走上了战略收缩的道路,光是裁减员工就不下5.6万人。

但是摩托罗拉的技术根基毕竟还在,就算不能在2G和3G的网络建设上发挥主导作用,推出一款新颖靓丽的手机还是能做得到的。在这一思路指导下,摩托罗拉推出了名噪一时的Razr数字手机。这款手机非常薄,机身几乎全是金属,可以折叠,拥有相当豪华的设计,入市前两年的销量就达到惊人的5000万部。在这一明星产品的照耀下,到2004年底,摩托罗拉止损反弹,市值又达到了420亿美元。

不过就在公司境况开始好转的时候，摩托罗拉的高层却和当时还比较弱小的苹果公司达成了一项合作协议，推出了一款新手机叫iTunes，这款手机唯一值得称道的功能就是能连接苹果线上音乐商店。当时的摩托罗拉也许只是想给自家的手机增加一丝年轻人的酷劲，但他们绝想不到，苹果公司会从中学到什么。

两年后，摩托罗拉iTunes手机的销量未见多么惊人，苹果公司却发布了第一代iPhone，并迅速成为2G时代最受年轻人欢迎的手机，而摩托罗拉的明星产品Razr手机则再次被边缘化了。等到历史车轮继续向前迈进，三星手机销量也超过摩托罗拉时，摩托罗拉能做出的应对措施，居然只能是把旗下的手机降价销售了。到了这个时候，说摩托罗拉是深陷泥潭也不为过了。

只不过，就在摩托罗拉还在想办法积极自救的时候，又有另外一双眼睛盯上了这家公司，那就是华尔街的投资家们。那个时候，摩托罗拉的股票持续低迷，华尔街的著名投资商卡尔·伊坎（Carl Icahn）通过持续购入摩托罗拉的股票，最终拥有了摩托罗拉6%以上的股份。根据公司章程，他顺利成为公司董事。但这位"门口的野蛮人"并不打算从技术开发上来挽救摩托罗拉，而是以他华尔街投资商的本色，打算通过分拆、重组，卖掉亏损部门，拉升公司股价，然后套现离场来实现自己的利益最大化。最终，他成功了。2008年，摩托罗拉终于还是着手把曾经辉煌的手机部门从公司内部分拆出来。经过近四年的痛苦挣扎后，摩托罗拉手机部门于2012年5月以总金额125亿美元被出售给谷歌公司，谷歌由此得到了摩托罗拉手机部门历年积攒下的1.7万项专利，也顺便由互联网市场进入移动通信市场。

不过，归入谷歌公司门下的摩托罗拉手机部门继续震荡下滑，最悲惨时，全球员工数只有3600人，基本已经成为大潮之后的裸泳者。但是凭着对通信设备的深刻理解，摩托罗拉手机部门还是于2013年8月推出了新款手机Moto X。这款手机反映出摩托罗拉研发人员的一贯水平，深受评测人员好评，因为这款手机不仅外形靓丽，系统也十分干净，不搭载其他手机中经常出现的那些没用的专有服务。作为使用特色，这款手机可以在不触碰手机的情况下进行语音控制，这在开车时十分有用。

但是，身处4G时代的摩托罗拉再也没有了昔日的光环，貌似不错的新款手机销量并没有达到该公司的预期，很快又落到降价销售的下场。而谷歌公司在达到自己的目的后，也无法消受摩托罗拉的巨额亏损，于是，新的并购交易又被提上了日程。

这一次，接手摩托罗拉的是中国的联想公司，这家曾经收购了IBM公司笔记本电脑部门的中国公司，为了让自己的手机进入美国市场，再次表现出了相当敏锐的嗅觉。只不过因为摩托罗拉手机部门近几年的表现，区区29亿美元就让联想公司得手了。这个价格还不到当初谷歌买入时的四分之一。

2019年末，蛰伏已久的摩托罗拉公司发布了RAZR可折叠手机，并计划在联想TW大会上和大家见面。作为联想公司5G手机布局中的重要一环，摩托罗拉这一次的表现很值得大众期待。也许，习惯了大起大落的摩托罗拉这一次可以趁着5G的东风，回到正确的道路上也未可知。

二、高通：高筑墙永称王

提起3G时代、4G时代的移动通信企业，就绕不开美国的高通公司，而提起高通，就不能不让人想起"高通税"。这家诞生于1985年的老牌高科技公司,诞生之初并没有后来那样可怕的"獠牙",公司创始人艾文·雅各布斯博士不是那种商场上拼杀一生的传统商界强人,反而是位德高望重的老教授。

早年,艾文·雅各布斯初进大学时学的是酒店管理,但只学了一年半,就耐不住自己理工男的内心,果断转去学电子工程了。最终艾文·雅各布斯学有所成,在著名的麻省理工学院取得了博士学位,并留校任教。在校任教期间,艾文·雅各布斯编写了一本关于数字通信的教材,叫《通信工程原理》,这是后来学习通信技术专业的大学生的必修教材。由此可见,艾文·雅各布斯在通信基础理论上的造诣极深。

1968年,艾文·雅各布斯看准时机,辞去做了13年的教师工作,毅然与两位同伴共同创业,成立了一家名叫Linkabit的技术咨询公司,公司主要业务是把电视信号压制转码后通过卫星传送到千家万户,也就是后来俗称的卫星电视。艾文·雅各布斯一干就是17年,直到把这家公司做成行业翘楚,并于52岁退休。对很多人来说,这番成就已经足以告慰平生了,但对艾文·雅各布斯来说,人生仍有无限可能。

退休后的艾文·雅各布斯先生又有了新的想法,即便那时,他还没有正式的商业计划,也没有庞大的启动资金,甚至手上也没有成型的产品,但他懂无线通信技术,认定彼时的数字和无线通信领域会极大地改变这个世界。于是,艾文·雅各布斯和他的6位老同事,义无反顾地创办了高通公司,公司寓意也很简单,就是要做"高质量的通信产品"。

高通草创之初,艾文·雅各布斯和一群无线通信专家连一间像样的办公室都没有,就在一间比萨店楼上的小房间里办公。这些技术男秉承美国人车库创业的传统,不以环境简陋为意,反而天天兴奋地探讨CDMA（码分多址）技术。那时，艾文·雅各布斯的自我期许是：自家的小公司如果能逐渐增长到100人，那就代表公司可以生存下去了。这和现在中国的很多初创公司的想法没什么两样。

而被艾文·雅各布斯给予厚望的CDMA技术也有着堪称传奇的降生故事。这项技术是由20世纪40年代的好莱坞女影星海蒂·拉玛（Hedy Lamarr）和作曲家乔治·安太尔（George Antheil）共同发现的。当时正值第二次世界大战期间，各种新技术受战争驱使层出不穷，两位具有数学功底的艺术家，在当时的社会氛围下，又受到音符组织方式的启发，推测应该可以用多个频率发送一个无线电传输信号。这种后来称作"跳频"的无线传输方式，既可以避免单一的无线电信号受到阻塞和干扰，又可以解决无线信号容易被人截听的安全性问题，具有广泛的用途。当时，两位艺术家为这项技术申请了专利，但并没有引起通信行业的重视。不过四十年后，CDMA技术终于在高通公司发扬光大了。

1989年，为了宣传CDMA的技术优势，艾文·雅各布斯和同事共同开发了一个CDMA的演示系统。为了扩大影响，他们还广泛邀请全球众多移动通信领域的专家到高通来参观。不过当时，众多的移动通信领域专家对高通的CDMA技术并不看好。他们有些人觉得这套系统太贵，有些人觉得这项技术还不成熟，有些人则盯着新系统的瑕疵不放，觉得离实际应用还很远。但高通坚持在圣迭戈和纽约做完演示之后，各路通信专家和移动运营商终于开始慢慢改变了看法。因为这些人亲眼看到，当时主流的欧洲TDMA技术，充其量可以把从前的模拟通信提升到3倍用户的容量，但在同样的频谱下，CDMA技术却可以把用户容量增长到10~20倍的程度。孰优孰劣，一目了然。

经过漫长的沟通、演示、等待和评估以后，高通主推的CDMA技术于1995年在中国香港实现了第一次大规模商用，也就是说，高通最早是在中国实现了CDMA技术的大规模推广。此外，1996年，韩国也跟进采用了CDMA技术。当时的韩国还没有大规模推广无线通信技术，对韩国来说，采用高通的CDMA技术既是帮助韩国公司学习先进无线通信技术的机会，也是赶超日本、欧美等先进国家的机会。而对高通来说，则是顺势扩大自家CDMA技术市场的机会。所以高通和韩国，双方一拍即合。到了1999年，国际电信联盟又把羽翼渐丰的CDMA技术选作为第三代无线通信网络背后的支撑技术。高通终于迎来了属于自己的黄金时代。

在2G时代，当时的无线通信技术焦点还主要集中在语音通话方面，拥有CDMA技术的高通虽然逐渐打开了各国通信市场，但尚没有垄断市场的能力。到了3G时代，市场就迅速变得不一样了。WCDMA、TD-SCDMA、CDMA2000，这几个3G标准全部都和CDMA有密切关系。高通既然是最早研究CDMA技术的公司，自然也就掌握了数量可观、无可回避的核心技术和专利，换句话说，3G时代，成了高通大发展的时代。高通开始真正崛起了。

不过高通的成功也绝非侥幸。它并没有被一两场战役的胜利所迷惑。

早在2000年，中国政府开始正式授权中国联通在内地部署CDMA技术的时候，当时有很多经济界人士都在分析说，高通做了那么多努力才终于把CDMA技术带进中国市场，到底值不值得？须知，彼时的中国已经有2.6亿户无线通信用户了，这差不多就是当时整个中国中产阶层的人口数量，此后无线通信市场还能有多大增长呢？当然，现在我们都知道这个想法是错误的。

无线通信市场的增量大得超出大多数人的想象,而且发展到现在,CDMA技术也已经成功被用到了第四代移动通信技术里。

平心而论,高通在3G时代还是很多中国厂商的"老师",包括中兴通讯、华为在内,高通也曾帮助他们向海外推广3G的终端和设备。而且那时的高通技术研发人员不可否认要技高一筹,不光在考虑已有的CDMA商用网络,他们甚至已经在想怎么能从基本的无线互联网支持发展到高速无线互联网支持了。

高通认为,除了语音通话和短信功能以外,移动终端其实还可以增加定位导航功能和拍照摄影等其他功能。当然为了实现这些功能,增加移动终端的芯片运算能力就是不可或缺的,因此进一步研发高性能的基带芯片也就成了高通的必然选择。现在,回头来看,高通那些年确实棋高一着。

到了1999年,高通又做了一个令世人咋舌的战略性决定。高通决定,将旗下的手机生产业务卖给日本京瓷公司,将网络设备业务卖给瑞典爱立信公司,而高通自身将仅仅专注于技术开发和授权,以及通信设备芯片的研究。

要知道,此时高通的手机业务已占到了公司总营收的60%,如此决绝,堪称"大手笔"。但是事后来看,放弃公司主要收入,似乎是个过于冒险的决定,不过正是这个决定,让高通得以专注于通信市场产业链最有价值的部分,也让自己多年来稳居手机市场食物链的顶端。

手机移动终端是由移动操作系统、CPU、调制解调器等多个部件协调工作才能正常运转的。除了操作系统这种软件技术以外,其他几种核心硬件高通都很拿手,所以,高通在放弃貌似赚钱的手机生产等业务后,却通过芯片产品牢牢控制了各家公司背后的命脉。与之相比,苹果的A系列芯片虽然表现不俗,但由于缺乏系统性的芯片技术，结果使得iPhone XS系列产品仍然有一些难以解决的信号问题，不得不说令人遗憾。

事实上高通设计和研发的芯片也确实非常优秀。早在20世纪之初，高通就提前布局，在自家的CDMA芯片中集成了GPS导航芯片。这也就让手机除了蓝牙功能、移动互联网功能以外，又多了GPS导航能力。在随后的几年里，高通通过专注于芯片设计，又让手机芯片的运算能力获得了大幅增长。为了应对芯片高速运算下的散热问题，高通又改良了手机电源管理功能。通过这些点点滴滴的积累，在乔布斯推出第一代iPhone的2007年，高通其实已经成为了世界领先的移动芯片供应商。

至此，高通成长为了行业巨人，"獠牙"想藏也藏不住了。

回过头来再说"高通税"。所谓"高通税"，是指不管全球手机厂商是否使用了高通芯片，只要你生产的手机需要连接现有的移动通信网络，高通就有权利向你收取专利授权费，因为高通的技术专利已经是现有通信网络的基石了。而且这笔费用不是按专利的使用情况收费，而是按照手机零售价的4%左右收取。哪怕手机厂商生产的手机外壳等部件和高通的专利技术无关，高通照样会以相关利益为由，收取整机的专利使用费。要知道，在竞争日益激烈的手机市场上，很多手机生产企业的净利润都不到3%，高通4%的专利费确实是相当高了。

前有高通的芯片需要购买，后有高通的专利围追堵截，这就是近几年大多数手机厂商面临的高通困局。而且这些手机厂商发现，高通还有把这个收费闭环越扎越紧的趋势。

高通如此强势的条款，自然有企业反抗。美国市值最大的高科技公司苹果公司就在2018年和2019年拒绝向高通支付专利授权费用，结果在数个国家的数十场诉讼中，苹果不是失败就是陷入旷日持久的官司之中，受此拖累，苹果的产品一度不能正常上市。在一番争斗之后，就算是苹果这种体量的公司，也只能宣布与高通和解，而和解的内容之一就是苹果向高通继续支付专利费用。看来苹果也没有打破高通的"囚笼"。

相对较小的魅族公司也曾对高通的霸道专利费用不满，为了不受高通控制，魅族在过去几年一直坚持使用台湾联发科的芯片，并以此为理由拒付高通的专利费。但当高通的律师找上门后，魅族不看好诉讼前景，又忌惮万一将来还是要用到高通的芯片，于是不得不补交了所谓那些欠下的专利费用。

可以说，苹果、魅族的遭遇并非个案，全球各国的手机厂商，几乎都躲不过高通的这一刀。华为和联想一度还曾联手在美国联邦贸易委员会上，对高通公司发起反垄断诉讼，并在诉讼中证实，高通曾利用断货来威胁他们，让他们既离不开高通的产品，又需要缴纳大量的专利费用。参与诉讼的华为法律顾问在法庭上表示：通信业内的人士都清楚高通的手段，对此，我们别无选择。

据统计，2017年高通从中国地区收取的专利费用就高达260亿元人民币，而销售芯片带来的收入还没计算在内。

有一个小故事，也很能说明通信设备厂商对高通的愤怒和无奈。据说有一年高通董事长跟华为任正非相约在游艇上谈生意，任正非一再客气地表示，希望高通董事长把专利的费用再降一降，否则公司难以生存。早已赚得盆满钵满的高通董事长却假装为难地说："再降就要跳船了。"任正非眼看对手毫无诚意，就说："你想跳就跳吧。"也不知是不是从那一刻起，华为就决心做自己的芯片了。

可以说，天下任何厂商想和高通做伙伴都是不容易的。

但是月有阴晴圆缺，浪有潮起潮落，高通也不能违背这一规律。

经过了2G时代的奋斗和3G时代的风光，高通到了4G时代的尾声，依然控制着江湖大势，但是随着5G时代的来临，通信企业纷纷抛弃了CDMA技术，转而选择正交频分多址技术（OFDMA）。高通对5G时代也并非没有准备，早早就以自家的技术和美国大环境为基础，搞出了UMB标准，可惜这套东西太以美国和高通的利益为基础，并不完全符合其他国家的利益，所以没人跟随。

不过移动通信领域的进步总是站在以前的基础上循序渐进的，高通从前筑就的"专利围墙"在一定时间内还会长期存在，不选择UMB标准，也并不能让各国通信企业绕过高通的围墙。只能说，高通现在的优势已经不像3G时代那么明显了。举例来说，在2014年的全球4G标准必要专利中，美国的优势还很明显，以1661件核心专利排行第一，这当中高通一家公司就占了655件。那时的中国大陆还在紧紧追赶，各家企业加在一起以1247件专利总数排行第二。但在5G时代，中国的通信企业，如华为、中兴通讯等以自己对通信技术的理解，提出了大量更符合各国利益的关键专利。"高通帝国"要想再像3G时代一样一统江山，已不可能。

另外，高通在通信市场上的种种行径，毕竟并不完全符合公平、公正的市场交易准则，各国反垄断部门经过长期的调查研究和证据收集之后，也渐次出手了。2010年1月，韩国政府在长期调查之后，对高通进行了反垄断处罚，一次处罚的金额就达2.36亿美元；2015年1月，中国国家发改委在长期调查之后，也对高通的垄断市场行为，做出了罚款60.88亿元人民币的决定；2015年7月，欧盟委员会联合欧洲各国政府对高通公司展开了反垄断调查，在获得了大量通信企业的证词后，欧盟委员会给高通公司开出了 12.29 亿美元的罚单……

除了各国的反垄断政府部门，很多通信企业也像苹果公司一样，积极发起了反垄断诉讼。早在 2005 年 7 月，美国博通公司就曾对高通发起了反垄断诉讼，因为博通公司在半导体技术方面并不比高通差多少，所以高通的专利墙对博通效果不佳，理由欠缺，经法院审判后，高通最终败诉，赔付了博通 8.91 亿美元；2007 年 10 月，根据诺基亚等六家公司的举报，欧盟委员会组织法律专家对高通进行了反垄断调查，但这一次高通的专利墙起了作用，双方最终以和解结束；2016 年 4 月，黑莓公司起诉高通公司特定专利费用收取不合理，收取范围过大，经法院调查后，认为高通的专利收费范围确有不合理之处，黑莓获得了 8.15 亿美元的赔款……

事情发展到这一步，我们可以看出，曾经受惠于高通的网络技术和芯片技术的厂商，如今都纷纷自起炉灶，企图摆脱高通的束缚。比如三星、华为等企业，除了通信设备和手机之外，他们也纷纷推出了自家的基带芯片，并在 5G 的建设浪潮中不断抢夺有利位置。

相信在未来，特别是 5G 时代，高通的生意模式，将不会再像从前那样无敌般地存在下去了。

三、华为：筚路蓝缕终成霸主

从 2018 年初到 2019 年末，美国政府对中国华为公司的打压呈愈演愈烈之势，但效果却越来越趋向于色厉内荏。华为公司在美国政府不断加码的抹黑和封锁中，不但渐渐站稳了脚跟，还把这种抹黑和封锁转变成对自家产品的另类宣传，不仅顺势把从前的"备份"系统转正，还创造了新的营收佳绩。这一切固然令国人欣喜，但熟知华为内情的人都知道，这不过是华为短短三十二年历史中的又一次考验而已。

1987年，转业军人任正非因工作失误，被迫离开原单位，自谋出路，靠着借来的2.1万元人民币，在一间简陋的小房子里创立了华为公司。当时，小小的华为公司既没有雄厚的经济实力，也没有显赫的技术背景，不过是深圳当地众多代理电话交换机的小公司中的一员而已。那时中国通信行业的技术尚在1G以前，好比是无线通信的"史前时代"。但是，"出身低微"的华为公司却也有两个其他国外大公司不能比拟的优势，那就是他们正好身处中国大发展的时代，并且自身有着强烈的忧患意识。

凭着这两个优势，华为公司在代理买卖中掘得第一桶金之后，立刻走上了自主研发的道路。1989年，华为的第一款品牌产品BH01问世了，虽说这款产品并不起眼，在当年也只算是低端产品，但华为特有的理念是不仅关注产品本身，还要把自身的优质服务贯穿于整个交易中。于是短短两年后，华为真正意义上的自主研发产品BH03问世了，当年的销售额甚至突破了1亿元。

此后，华为踏上了快速发展的道路，自己的产品也不停地迭代更新。到了20世纪90年代，华为超过100万端口的C&C08型号产品已经实现了全年无重大安全事故、无设备故障的重大突破。

此时的华为不仅在国内崭露头角，已经能够反向杀入国际市场，具有了在全球市场竞争的实力，但是作为一家成立时间不长的公司，华为的行业声望还远远无法和国外的大公司相提并论。于是华为公司通过抢占农村电话市场并给用户提供优质服务，把曾经的一个个行业巨头，如贝尔、爱立信、诺基亚等公司抛在了身后。

这时，已是3G时代，国外的诸多大公司凭着之前的技术积累，为中韩这样的后发国家设置了众多的技术壁垒和标准壁垒。华为作为一家在忧患中诞生、在忧患中成长的公司，企业内部也长期以"狼性文化"和"床垫文化"自我加码，既然已经看出了国外这些同行的用意，自然也就早早开展了4G技术，甚至5G技术的研究。到了2011年，也就是4G网络在全球大行其道的时候，面对主动出击美国市场的华为，曾经的通信行业霸主思科公司，已经不能在技术上指责对手了，只能靠所谓的"国家安全"来给华为下绊脚石。

经过1G时代和2G时代的学习，3G时代和4G时代的积累，5G时代的华为正在大放光彩。据各种消息汇总，2012年，华为就已经完成了5G关键技术验证样机。2015年便拿出了5G技术系统测试原型机。在2015—2017年期间，华为还参与了3GPP R15的标准验证。到了2018年，华为的5G技术和理念已经被3GPP组织所采纳。截至2019年，华为在5G专利和标准数量上，已经创下了多个世界第一。在5G Polar方面，华为持有全球49.5%的专利；在5G技术标准方面，华为持有61项标准，在全球占比近23%。

在2018世界移动通信大会（MWC）展前预沟通会上，华为还曾宣布将在5G领域投入50亿元进行研发，并将发布全套5G商用设备。同时，华为还在韩国首尔、加拿大温哥华等地，进行了大规模的5G商用测试。

到了同年北京通信展时，中国IMT-2020（5G）推进组正式公布，华为、中兴通讯、爱立信等多家通信巨头们在第三阶段NSA的整体测试中，华为已经率先完成了第三阶段的所有测试，而反观其对手（爱立信、诺基亚），它们在NSA测试完成方面仍与华为存在较大差距。

2019年6月，在英国伦敦举办的5G全球峰会上，华为自主研发的5G智简核心网解决方案，让很多通信运营商看到了可以便宜而又方便地建设5G网络的希望，于是顺理成章地，华为荣获了本次峰会"最佳5G核心网技术（Best 5G Core Network Technology）"奖。

目前，在5G商用进程中，华为的价格要比对手便宜20%～30%，而其5G技术却领先对手3～6个月，并且因为华为掌握着大量的5G专利，所以在5G商用拓展中，华为有着无可比拟的优势。

根据华为公司发布的2019年年报，华为公司取得了8588亿元人民币的销售收入，比2018年增长了19.1%，净利润则达到了627亿元人民币，比2018年增长了5.6%，同时还拥有高达914亿元人民币的现金流。年报显示，华为公司在欧洲、中东、非洲、亚太大区和美洲大区的收入均有所增加，其中，中国国内的销售收入增长最多，增长幅度达36.2%，显示出华为产品在中国的受认可程度。

另一方面，华为继续保持对创新研发的高强度投入，研发费用从2018年的1015亿元人民币，提高到2019年的1317亿元人民币，涨幅高达29.7%，占2019年销售收入的15.3%，这可以说是一个相当惊人的数字。正是在这种持续不断的高强度投入下，华为才掌握了8.5万多件授权专利，打下了自己在全球通信设备企业的坚实基础。而在华为的18.8万多名员工中,从事研发的员工超过9.6万人,约占公司总人数的49%,这在全球企业中,也是不多见的。

2019年,华为在被美国政府列入"实体名单"后,一度处境艰难,但为了突破封锁,再求发展,华为一方面启动了各种备份计划,另一方面则邀请了4500多名记者、3000多位专家学者和1000多批次的政府团组,对华为进行专访,表明了华为在经营和研发方面的自信。

相信未来在全球的各个地区,华为将会实现更多的5G商用推广!

5G设备巨头之间的对决

关于5G,无论设想多么完美,最终都要靠具体建设才能成为现实,而5G网络的具体建设也要靠各个通信设备商提供的设备才能落到实处。就算大家运用的科学原理相同,但由于具体设备商的技术水平、历史沉淀、技术侧重点各不相同,达到相同技术目标的设备手段和建设成本也就各不相同,所以,观察5G如何落地,各个设备提供商也是一个绕不开的层面。我们现在就来看看各大通信设备商对5G的理解是怎样的。

一、华为：以技术求生存

华为从代理和仿制电信设备起家，到成长为全球重要的电信设备商，并拥有大量自己的核心技术，一路走来，颇为不易。现在的华为已经能够根据用户的需要，提供整套的通信解决方案，对5G网络设备，华为是很有发言权的。

秉持一向在技术上舍得大手笔投入的传统，华为早在2009年就开始研究5G，一开始就投入了500多名工程师，并在全球设立了9个研发中心，还和全球众多顶级高校与科研机构建立广泛联系。此外，华为还积极参与IMT-2020、5G-PPP、NGMN、韩国5GForum和IEEE学会会议等5G国际组织，成为其中的重要成员；2014年在西班牙巴塞罗那举行的世界移动通信大会上，华为又与欧盟及产业界共同推动成立了5G公私合作联盟，共享双方的5G研发技术。为了了解移动运营商的要求，华为还与日本运营商NTT DoCoMo联手，在日本进行了5G无线网络的测试。通过使用一个6GHz以下的频段，达到了最高3.6Gbps的网络数据传输速率。华为用自己的实践证明，5G网络完全可以基于现有的网络设施进行建设，而之前的诺基亚和三星的5G网络测试则需要搭建全新的基础设施。这成为华为可以顺利开展5G网络建设的一个关键。

2015年6月，在Inform主办的5G World Summit峰会上，华为获得了5G首个大奖"5G最杰出贡献奖"，并发布了名为"新空口和无线接入虚拟化"的5G白皮书。华为认为，未来5G网络将会聚焦在不同商业应用和用户体验上，并非单纯追求更大的带宽。这将引起对建立以服务为导向的网络的需求。

华为在2018年又投入6亿美元用于5G研究，并积极推动5G技术标准的制定，华为已经和合作伙伴试验了5G试商用网络，而且将在正式的5G商用网络上推动相关产业链的完善和互联互通。

华为白皮书概述了华为对5G空口的设计，包括空口自适应和无线接入虚拟化的关键概念。无线接入虚拟化技术可以提供向用户发送和接收数据的最佳条件，而灵活的新型空口能够在无线链路上选取最佳的空口技术组合，通过二者的结合能够给用户带来最好的5G无线网络体验。这一设计，可以根据未来的不同服务、不同应用和不同设备进行自适应的空中接口，具有可扩展性以支持海量连接和超大容量，并具备自适应全部本地可用频谱的智能化水平。

华为提出5G应采用无线接入虚拟化的策略以增加网络稠密度。虚拟小区的概念去除了传统小区的边界，这样终端设备接入无线网不再需要切换，也就避免了边缘体验不佳的问题。

华为公司认为，4G实现了人与人的互联，实现了高清视频以及简单的物联网、车联网业务；4G的增强技术可以支持4K超高清视频、物联网和车联网等业务；而5G则是万物互联，支持全息视频、虚拟现实、自动驾驶、物联网、车联网、智能家居和可穿戴式设备。

华为定义的5G主要包括：超大容量超快速度的网络传输、超低时延超可靠的网络连接、超广泛超有效的泛在性等，华为可以保证自家5G设备的性能指标十年内不会落伍。

为了实现这一目标，华为在多项5G关键技术上取得了重大突破，然后以这些技术为基础，研制出了测试样机。为了验证这些测试样机，华为还积极联合运营商，在城市真实环境下体验这些新技术是否可行。华为是全球第一家大范围验证5G外场技术的设备生产商。

在华为的各项关键技术中，新空口技术是一大亮点，这一技术可分为三个部分，分别是：SCMA（稀疏码多址接入），F-OFDM（可变子载波的非正式接入基础波形），Polar Code（高性能纠错码）。它们分别从不同方面提升了传输效率和频谱利用效率。

其中，SCMA（稀疏码多址接入）和F-OFDM（可变子载波的非正式接入基础波形）是基于V-RAN（虚拟无线接入网）的概念，这两项新技术改变了用户接入移动网络的方式，利用软件接入的灵活性，改善了用户接收信号的干扰问题。

华为的基站平台（C-RAN平台）在使用了软件虚拟化技术以后，经过400多个小区现场测试后，已经证明，虚拟化技术可以带给移动网络系统稳定的表现，也可以把各频段的频谱统一协调使用。

回过头来再说SCMA（稀疏码多址接入）技术，这项技术是为了提高频谱利用效率而专门开发的，通过增加编码方式，用户的信息可以不断利用频率传输间隙进行传递，用户可以直观地感受到网速变快了。

F-OFDM（可变子载波的非正式接入基础波形）技术，这项技术可以对频率波形进行修改，使信息在传输时又获得了一种新的灵活性，这样，不仅传输信息可以根据频谱改变，频谱波形也可以根据信息大小改变，大大提高了传输效率。

Polar Code（高性能纠错码）是以上两项技术的必要补充，能够在软件匹配导致的信息传输出现错误时，及时高效地纠正错误，不然仅仅是信息传输快，而传输的信息不正确的话，那快就没有意义了。

归纳以上技术特点,简单来说,传统的4G空口,其高速公路上的宽和高都是一样的,道路上的每辆车都只能运载4个用户的货物,如果公路上偶尔出现一点小事故,比如说货物丢失,只能重新发货。而5G高速公路上跑的车,车辆可以大小不一,公路也可以根据货箱的大小发生变化,运输过程中发生了错误,还可以很快重新找到。所以,5G高速公路比4G高速公路有了更大的优势。

凭着技术优势,华为在美国政府的压迫下仍然获得了很多5G设备订单。截至2019年10月,从已公布的5G商用合同看,华为的5G商用合同超过60个,发货基站超过15万座,而且在可预期的未来,华为的商业合同还将继续增加。

二、三星:以全面求发展

三星公司认为5G将来的魅力在于移动通信网络的应用会大大增加,届时,语音通信只会占很小的业务比例,大量交互式体验和移动式服务将占据主流。

这样的5G系统应具备以下几个尺度:一是低时延;二是海量数据连接;三是节能;四是公平的QoE体验(设备体验质量);五是网络峰值速率要大于50Gbps;六是时延小于1ms;七是提供无处不在的1Gbps速率体验。

构成这样的5G系统的核心技术包括:一是mm Wave(毫米波);二是Small Cell(小基站);三是编解码;四是D2D;五是扁平的网络架构;六是MIMO/BF;七是干扰管理;八是多接入方式。其中通过mm Wave(毫米波)有望将LTE 1Gbps的峰值提升到50Gbps；采用Small Cell技术，将原有的虚拟小区升级为以用户为中心的虚拟小区，可以消除小区边界；采用D2D技术可以增强特定场景的频谱效率。

2013年5月，三星推出了世界上第一个室外毫米波移动蜂窝通信系统，采用28GHz波段，用64个天线单元的自适应阵列传输技术，在2千米距离内取得了1Gbps的速率。

2014年，三星最新的5G实验网络结果显示，静止状态下，他们的网速可高达7.5Gbps的超高速率（940Mbps）；移动状态下，时速超过100千米的汽车上，传输速率能够保证稳定在1.2Gbps（150Mbps）的高速度。为了实现以上目标，三星认为创新型的扁平网络架构必不可少。

2016年2月，在当年的世界移动通信大会上，三星公司展示了5G技术在全息通话、赛事转播、无人驾驶、AR/VR等多个领域的应用前景，令在场观众大开眼界，也展示了三星公司全面深度开发5G技术的坚定决心。

到了2018年世界移动通信大会时，三星公司已经能够拿出全套的5G端到端技术解决方案，能够解决从私人空间到工作空间再到公共空间的各种应用场景问题。这一年，三星公司的毫米波5G通信设备还是全球第一个获得美国联邦通信委员会认可的5G通信设备。至此，三星的各种5G商用设备全面进入实际应用阶段。由于三星公司具有从电信运营商到普通消费者的全面服务能力，相信在今后的全球5G服务竞争中，三星公司一定能够获得良好的发展契机。

而在开拓市场、掌握用户心理方面，三星公司除了不断推出三星品牌系列下的新产品外，还注重与其他厂商开展广泛合作。在手机应用方面，2019年11月，三星公司与中国知名的手机厂商vivo一起，共同发布了双方联合研发的双模5GAI芯片Exynos 980。这款手机芯片内置5G基带，拥有全新架构和强大的AI能力，更突出的是，这款5G芯片在4G、5G网络双连接的情况下，最快下载速率可以达到惊人的3.55Gbps。而众所周知，3GPP R15技术标准界定下，100MHz带宽的理论最高速率也不过2.34Gbps，显然，三星公司的这款手机芯片突破了理论界定。

之所以能取得这样的成绩，和三星公司新的研发思路有很大关系。在和vivo公司的合作中，双方改变了以往上游芯片厂商供应芯片，下游手机厂商根据芯片生产手机，再卖给消费者的传统模式。而是按照消费者的需求倒推应该研发怎样的手机，再根据手机的性能需求，倒推需要研发怎样的手机芯片。性能出众的Exynos 980芯片就是这一思路的产物，这当中，vivo公司的研发能力固然不可缺失，但三星公司自己强大的芯片设计和生产能力也是成功的重要基础。这种开发模式不仅使芯片设计和生产企业更快地拿出贴合消费者的产品，也使手机生产企业和上游厂商产生更紧密的联系。vivo的新款旗舰手机在2019年12月搭载芯片Exynos 980与消费者见面。

三、诺基亚：基础稳固好上楼

诺基亚是欧洲老牌的移动产品生产商，有着150年以上的悠久历史，其旗下生产的移动手机在功能机时代，曾长期占据全球市场的顶峰位置，它也是全球重要的移动网络设备供应商。诺基亚公司对于5G网络的理解，可以从他们发布的技术白皮书中一窥究竟。

在这份白皮书中，诺基亚提出5G需求可以用"1-1-10-100-100-10000"这一连串数据来描述，具体来说就是要达到：1ms网络时延；1Tbit/km^{2}网络容量；最小10Gbps的峰值速率；随时随地可满足至少100Mbps的业务体验速率；100倍设备接入；满足未来十年10000倍流量增长。

另外，诺基亚还提出了"5G部署的十条规则"。根据诺基亚的估计，到2030年，网络流量将达到2010年的1万倍。目前用户无法想象的普遍基于云技术的应用、娱乐、高清显示器、超高清视频等将会大大推动流量增长，同时物联网的强大推动力也将带动新用例、新应用、新设备的发展，进一步促进网络流量的增加。诺基亚称这一趋势为可编程世界。预计5G与4G相比，在峰值速率和最小时延方面将提高用户体验超过10倍。诺基亚认为5G是具有几乎零时延并能够提供可扩展且灵活的服务体验的网络。诺基亚提出的10条5G部署建议包括：

① LTE-A应可以提供2020年后所需的容量，约几十Gbps/km^2；

② 到2030年，应有接近1GHz的频谱聚合来满足容量和边缘速率需求；

③ 在6～30GHz频段上部署500MHz的5G小基站载波带宽能够在2025年后提供几百Gbps/km^{2}容量；

④ 在100GHz频段上部署2GHz的5G小基站载波带宽能够在2030年后提供Tbps/km^{2}量级的容量；

⑤ 毫米波可以在网状结构中为小基站提供回传和最多两次跳跃；

⑥ 超大天线阵列可以有效弥补更高频段带来的更高路径损耗；

⑦ 根据环境条件，厘米波和毫米波站点部署距离可以在75～100米间实现全覆盖并满足容量需求；

⑧ 为解决2030年的覆盖和边缘速率需求，需要一种5G宽区域覆盖解决方案；

⑨ 为解决2020年前后的室内容量需求，需要部署室内专用小基站；

⑩各频谱频段之间要实现联通和融合，通过软件技术和硬件实现这一目标后，可以大幅提升用户使用体验，并降低小基站部署密度，从而节约网络建设成本。

诺基亚已经在马德里和东京的5G部署试验证明，在密集市区和室内业务密集区，实现万倍容量增长是可能的。5G需要先建立一张宏站组网来完成覆盖，然后部署一张使用1～100GHz频段的小基站网络来提供容量，而室内容量需求需要靠室内专用小基站网络的部署来解决。随着5G的发展，极大地促进了容量增长，密集室外5G小基站的部署间距可能被限制在75米以内，而室内的覆盖和容量则要求每个房间都有接入点。

通过以上方法部署的5G网络可以支持各种场景的5G业务，包括智慧城市（视频监控）、语音、传感网、自动驾驶、工业和汽车自动化、关键广播业务、虚拟现实、云端的工作和娱乐、3D视频（4K视频）、Gbit业务等。

诺基亚还提出了一种可编程的5G网络架构。其中包括网络切片、动态体验管理（DEM）、按需连接、快速流量转发、按需移动性管理等各种概念。

网络切片是指在一个宏站组网的基础上，为了满足具体环境的具体要求，在一个小范围内，通过软件技术建立专属虚拟子网络。比如，在工业制造环境下，要首先保证网络的低时延和可靠性；在人流密集环境下，要优先保证大容量和泛在性。

动态体验管理（DEM）是指在复杂的网络环境使用下，通过多种技术，针对用户的不同需求，解决各种不同问题的管理模式，这种方法不仅能够灵活解决问题，更重要的是可以有效节约网络资源。

按需连接是指改变以往网络架构中那种点对点的连接方式，变成从实际需求出发，通过新型技术，实现用户多种连接方式的需求，这种连接方式可以有效保证用户连接的可靠性，降低网络时延。

快速流量转发是指依靠诺基亚开发的分布式电信云结构，保障将来的车联网和工业互联网的设备之间可以快速交换信息，使设备间的连接更加可靠。

按需移动性管理是指诺基亚通过数据调查发现，一般情况下，大部分移动网络用户并不是在移动环境下使用终端设备，为了节约网络资源，网络设备可以暂停这部分用户的移动支持，等到用户有移动需求时，再及时提供支持。这一技术是为了提高网络的使用效率。

此外，诺基亚公司还在虚拟核心网中开放了数据调整模式，这样可以更加方便地创建网络切片，适应网络现实使用环境中的各种变化。通过以上技术，诺基亚已经可以为移动运营商提供完备的5G网络设备，并努力在5G网络建设中抢占先机。

有了以上的理论认识和技术基础，诺基亚虽然在5G手机的开发上不如亚洲的竞争对手，但在5G通信设备方面，仍然有自己的独到之处。为了获得必要的研发资金，诺基亚公司在2018年和2019年，不惜公司股价下滑，毅然宣布暂停分发股息，以集中现金，用于研发。2020年2月，诺基亚公司获得了一笔5.61

亿美元的贷款，用于5G研发。由此可见诺基亚公司研发5G的决心之大。与此相对应的是，诺基亚公司已经获得了芬兰国内的63份5G商用合同，全欧洲的意向协议则达到100多份。由于诺基亚公司还掌握着2000多项5G技术专利，该公司的5G网络解决方案仍然受到了全球众多电信运营商的重视。即便是在5G技术发展迅速的亚洲地区，韩国国内的三大电信运营商，日本的软银公司和中国的联通公司，仍然选择和诺基亚公司共同进行5G网络建设，由此可见，诺基亚公司在全球5G设备供应商的版图上，仍然占据着稳固的一席之地。

四、爱立信：有继承就有未来

爱立信公司也是一家具有百年以上历史的欧洲老牌通信设备企业。它的电信产品从早期的电话机到现在的5G移动通信设备，每一代都从未缺席。爱立信擅长为用户提供全套的通信解决方案，在架设通信网络的实践中有着丰富的经验。爱立信的通信设备在全球有着巨大的市场份额，与众多国家和地区都有着长期固定的业务往来。

作为移动通信顶尖设备商，爱立信在5G方面的研究一直处于世界前沿。爱立信认为5G不仅仅是技术的革命，更是思维方式的演进，5G势必囊括未来整个通信生态系统，包括从设备到无线接入、IP核心网和云。

爱立信认为5G技术由两部分组成：一部分是基于现有技术的演进，可以完全向后兼容，电信运营商可以充分利用好现有的投资；另一部分则是革命性的。这两部分应该相辅相成，这样电信运营商才能无缝连接，延续性发展，并节省投资。

爱立信的5G网络解决方案是按不同应用场景分别解决的。比如在高速度、大容量环境下，爱立信主张使用高频段融合技术解决；在终端设备密集连接环境下，各种传感器需要直接连接到移动网络中，可靠性和低时延需要重点解决。

根据爱立信发布的5G白皮书，爱立信认为5G首先是移动通信系统的进一步革命。5G将成为网络化社会的关键元素，5G不仅仅局限在人们使用移动设备接入网络，5G的目标更是通过任意设备或任何应用提供普遍的连接，以建立对人们有益的通信生态系统。

由此，移动宽带将变得更加重要，并推动对更大系统容量和更高数据速率的需求。5G将能够为种类广泛的新型设备和用户提供无线连接，包括：可穿戴设备、智能家居、交通安全及流量控制、公共基础设施、工业应用及超高速率的媒体传输等。与前几代移动通信系统相比，5G技术更应该是一个满足移动通信需求的全业务无线接入解决方案。

由于有长达百年的通信设备生产和研制经验，爱立信的技术专家更倾向于采取持续技术进步的形式来达到5G网络的技术指标，他们的新型关键技术一方面要满足用户的新需求，适应新产业和新场景；另一方面则要向后兼容以往的一些主流技术，这样做也更符合这家百年企业的自身利益。

在5G时代，无线通信技术将继续在后向兼容方面演进，并成为5G无线接入解决方案的重要组成部分，其频率应低于6GHz。对于频率资源受限的电信运营商，通过向后兼容的方式引入5G是可能的，也是必要的，这样能够使得原有的设备继续在相同的载波上工作，从而节省投资，获得收益。

与此同时，一些新的不具备向后兼容的无线接入技术（Radio-Access Technology，RAT）也会出现，至少在一些新的频谱上不需要具备向后兼容能力。长期来看，不具备向后兼容能力的技术会逐渐迁移到已有频谱上，最终实现融合。

目前，爱立信与全球各大运营商在5G研究上展开了大量合作。如爱立信与土耳其运营商Turkcell合作评估5G潜在关键技术组件的性能和适用范围，以及与5G潜在研究项目有关的业务；爱立信还携手软银，在东京启动5G技术联合外场测试，评估联合外场测试中测试潜在的5G关键技术组件的性能，并就5G研究项目展开合作；另外，爱立信还携手中国移动部署基于云端的WiFi通话解决方案，该解决方案通过云端部署的VIMS可以帮助运营商节省部署成本；同时，爱立信对5G网络的低时延和高可靠性也进行了验证，通过实时远程控制两台挖掘机，展现了5G网络的技术优势。

爱立信公司认为，5G网络需要具备以下四个特点：

① 可扩展性。因为有些应用一旦被应用起来，发展速度会非常快，而且在全世界都会有非常快速的增长，因此，5G网络必须具备足够的可扩展性以兼容快速发展的应用。

② 灵活性。5G网络需要具有很好的灵活性，比如某个地方突然出现大量用户聚集，各种应用对网络的请求就会出现非常大的变化，这就需要网络有非常好的灵活性。

③ 安全性。移动互联网的发展使得人们可以在手机上实现越来越丰富的功能，人们的个人信息也将更多地在手机和网络上存储和传输，特别是到了万物互联时代，伴随互联网攻击数量的增加，5G网络必须具有足够的安全性，保证人们的信息安全。

④ 标准化。以2G网络为例，GSM标准能够这么成功，其

中很重要的原因是它是一个很好的标准，能够在全球通用。有了全面化的标准，才能在促进量的不断上升时，促使价格不断下降。

爱立信在5G节能方面的设计原则是：只在必要的时候才进行主动传输，这将最大限度地节省能耗。因此，可伸缩、易管理、灵活的网络设计将是5G节能的基础。相应的关键技术包括：超廋的设计，现今的波束成形技术，控制和承载分离的无线网络架构，以及虚拟化的网络功能和云技术。

爱立信认为5G的关键技术应该从频谱利用方式、天线的传输方式、机器与机器之间的通信方式，以及信息回传方式等各方面有所突破。为了实现这些目标，可以首先使用传统低频段，考虑和LTE实现兼容，提供高性能和广覆盖；其次补充使用高频段，采用低复杂度的设计，实现高速的短距离传输。

爱立信眼中的5G是万物互联社会的基础，5G将实现数十亿设备的联网，围绕人类的生产、生活，提供节能和低成本的解决方案，整个社会将从无处不在的无线移动连接中受益。

爱立信和韩国SK电讯已经成功演示了虚拟网络切片技术，该技术为增强现实、虚拟现实、大规模物联网以及企业解决方案等业务优化而设计。网络切片技术可以通过软件控制技术将整体连接的5G网络分成多个虚拟子网络，然后在虚拟子网络中为不同用户群提供个性化的最佳支持。该技术利用逻辑资源而非物理资源，使运营商能够以软件即服务的方式提供网络，从而加快新业务上市时间，提高运行效率。网络切片技术基于NFV的虚拟EPC（虚拟演进分组核心网）进行资源实例化，称为以IT为基础的5G核心网架构的关键技术。目前，网络切片技术正受到包括全球运营商、设备提供商和标准组织（如3GPP和ITU）的高度关注。

爱立信很早以前就在瑞典斯德哥尔摩的爱立信总部建立了

5G测试网，对自家公司生产的5G设备进行试验和测试，并在此基础上生产了5G移动基站。目前，基站设备和移动终端的接入试验已经顺利完成。

此外，爱立信还与美国IBM公司合作研究了5G相控阵天线技术。在无线天线方面，爱立信公司已经可以在同一频段上提供更多的新增服务，同时提供超过现在多个数量级的数据传输速率。该相控阵设计还可以提供更多的可进行电子控制的定向天线，而且重量轻、灵活性高，远胜于现有的机械天线。该设计有望在人流密集和设备密集的5G应用场景中大显身手。

得益于爱立信对无线通信技术的深刻认识，早在2012年欧盟启动5G联合研发项目时，爱立信就作为总体项目的管理者参与其中，并承担了有关5G技术标准的制定和发布、整体系统设计以及性能指标界定等关键项目，为欧盟5G技术的发展奠定了基础。2013年2月，在西班牙巴塞罗那举办的世界移动大会上，爱立信又通过超级城市互联、机遇之窗等主题展览，揭示了2020年以后高速互联网社会的炫酷场景，引起了参会观众的极大兴趣。

为了保证持续的研发能力，截止到2020年初，爱立信已经在欧洲建立了18个研发中心，遍布从北欧芬兰、瑞典，到东欧匈牙利、波兰，再到中欧德国，再到南欧西班牙、意大利等各处，雇用了超过1.5万名工程师，而最新的研发中心则设在了西欧法国，主要进行5G软件的编写。为了贴近用户，满足用户需求，爱立信还于2019年在爱沙尼亚投资5250万美元，新建了一个2.5万平方米的工厂，以满足欧洲用户。2020年3月投产的美国新工厂，则是为了就近满足美国市场的需求。

由于爱立信始终强调要以可持续和低成本的方式进行5G网

络建设，所以世界各地的众多电信运营商也对爱立信的技术路线有很大的认可，加之2018年以后，美国逐步加大对华为和中兴通讯等中国电信设备企业的打击力度，爱立信的发展路径和生存空间清晰可见。

2019年12月，有着1.83亿户消费客户，而且与华为已经在4G领域合作长达十年之久的挪威电信，宣布将在5G网络建设过程中，逐步用爱立信的设备替换华为的设备。与此同时，中东的卡塔尔电信运营商Ooredoo和沙特电信公司STC，欧洲的瑞士电信、西班牙电信和意大利TIM电信，以及俄罗斯电信运营商Tele2、韩国电信等众多全球电信运营商，都选择了与爱立信合作，爱立信据此上调了2020年的销售目标，并对市场前景表示乐观。

五、中兴通讯：在实践中求真理

中兴通讯是中国通信设备的骨干企业。和华为不同，它是一家上市企业，在股市上募集了大量的发展资金，所以中兴通讯近些年的发展十分迅速，拥有为客户提供全套网络解决方案的能力，和世界上众多的电信运营商建立了良好的业务关系，被誉为建设智慧城市的标杆企业。

中兴通讯于2014年发布了主题为"5G驱动现实与数字世界融合"的技术白皮书。中兴通讯认为，随着越来越多的移动网络投入建设以及智能设备投入使用，在全球范围内，人们与电子设备的联系更加紧密，并与计算机系统相互影响，5G网络到来后，人们获取、管理和使用信息的方式将有革命性的改变，用户体验和满意度将成为驱动5G设备、网络和服务创新与融合的基础。

对于大多数人来说，5G与工作、生活将紧密联系，带来网络智能化、终端功能多样化、操作简单化的结果，与其他组成未来世界的成功技术一起逐渐改变人们的生活。5G会成为未来移动和信息与通信技术时代的基柱，改变教育、医疗、工业、行政、交通、经济和技术的方方面面，把物理世界和数字世界紧密连接。

中兴通讯提出的关于5G的4个关键技术包括：海量数据传输、向智能云架构转换、网络与服务的深度聚合和可配置容量网络。其中，海量数据传输注重的内容包括无线链路效率、频谱扩展与管理和站址密度；向智能云架构转换包括云端与网络协调、更多的水平结构、多RAT聚合以及减少时延。只有将设备、网络和服务聚合之后，具有超级宽带网络容量和宽广的内部连接与协调能力，并具备向云结构转变带来的更高智能后，才能给用户带来更好的体验。

中兴通讯认为，5G网络将大大提升用户控制和获取信息的能力，5G网络的服务能力不仅要面向所有用户的一般性要求，还要满足特殊用户的专业性要求。未来的5G网络将模糊骨干网和局域网的区别，是一种能满足各方面需求的智能网络。

目前，中兴通讯已经在5G核心技术上广泛布局，并取得了不少相关成果。中兴通讯认为的5G核心技术应该包含以下几个方面。

1. 新多址接入方式（MUSA）

中兴通讯新多址接入方式的基础是多用户共享接入技术，在网络接入技术引入这一创新设计后，大量移动终端用户可以在相同频谱资源下，同时接入移动网络，以往影响大量用户接入的串行干扰现象，则由系统的优化算法予以消除。这种新多址接入方式不仅大大提高了网络使用效率，还在事实上扩充了网络容量，并且可以有效降低移动终端的能耗，特别适合在用户数量众多的工业互联网环境下使用。

2. 软链路自适应技术

中兴通讯提出了软链路自适应（Soft Link Adaptation，SLA）、物理层包编码（Physical Layer Packet Coding，PLPC）、吉比特超高速译码器技术（Gbps High Speed Decoder，GHD）等。

软链路自适应技术通过软件技术改进算法以后，可以更有效地感知无线信道的变化情况。在信道情况良好时，提高编码速率，降低发射功率。反之，则降低调制编码速率，加大发射功率，使得网络信息传输具有了智能化的特征。吉比特超高速译码器技术和物理层包编码技术是链路自适应的有效工具，可以提高信息传输的可靠性。

3. 多天线技术（Massive MIMO）

中兴通讯和其他通信企业一样，在5G网络新技术中，充分使用了大规模天线阵列技术。这项技术和传统天线阵列相比，具有十分明显的技术优势。可以支持的用户数成倍增加，各个方向的波束控制能力也显著提升，而且支持5G网络的大容量特征，还能够避免无线信道之间的串行干扰。可以说，多天线技术是5G网络技术的一大特征。

4. 高频通信

在高频波段开发5G的可用频谱，可以说是5G网络的必由之路。这一频段虽然传输距离不够远，但是可承载的信息却可以成百倍地增长,只要通过技术手段扬长避短,高频通信就可以成为5G网络的通信基础。

5. 天线回传(Self-backhaul)

天线回传使用与接入链路相同的无线传输技术和频率资源,很好地解决了有线Backhaul在密集部署成本高的问题,同时解决了微波Backhaul需要额外频谱资源以及信道质量与容量受遮挡影响的问题。

6. 小区虚拟化(Virtual Cell)

小区虚拟化是解决边界效应的关键,它使得每个接入网络的用户拥有一个与用户相关的"虚拟小区",尽管该虚拟小区由物理小区组成,并彼此协作共同服务于用户,但是用户移动相对虚拟小区,并没有切换发生,虚拟小区实现了从用户找网络到网络追用户的转变,无论用户在什么位置都可以获得稳定的数据通信服务,达到一致的用户体验。

7. 超宽带基站(UBR)

超宽带基站(Ultra-Broadband Radio,UBR)技术是实现5G网络融合多个频段共同进行信息传输的技术基础。在5G网络下,从前4G网络的频段将和5G网络特有的毫米波频段共同工作,5G网络基站支持多个频段就成为必须要有的技术手段。超宽带基站正是为解决这一难题而研发的。

8. 胖基站(Fat NodeB)

胖基站是一种网络扁平化技术,它集成了部分核心网控制面功能和核心网的网关功能，基站收到的移动终端信息如果没有必要，就不再传输到核心网网关，而是就近传输给邻近的用户，这样做，显著提高了网络运行效率，降低了传输成本。由于胖基站很方便地实现了内容本地化，又便于部署，可以大大降低传输时延，提升用户体验。

9. NFV/SDN技术

网络功能虚拟化（Network Function Virtualization，NFV），实现了软硬件解耦，采用虚拟化技术，将网络功能分片和组件化，通过对业务组件的灵活调用，可以实现更多创新的业务体验。此外，NFV还实现了电信网络硬件资源的共享，提升了硬件资源的利用率，降低了硬件采购成本，可以更方便地实现第三方业务创新。

SDN（Software Defined Network）技术，通过将路由设备的控制和转发相分离，把原先需要集中上传的指令，在下一层面就转发执行了，极大简化了网络路由的维护工作。

10. D2D

设备到设备通信（Device-to-Device，D2D），是一种扁平化的自适应技术思路。在这种技术条件下，相邻用户通过彼此间的直接通信，既提高了传输效率，又降低了骨干网的传输压力，相当于提高了整个系统的使用效率；其次，当骨干网出现故障时，相邻用户通过这种D2D的连接方式，可以发挥局域网的作用，使故障区的用户可以间接和骨干网进行连接，从而保障故障区用户的连接能力，意义重大。

当前，中兴通讯除了自身在5G项目上积极投入以外，还和全球多个运营商联合开展5G技术研究。早在2014年，中兴通讯就和中国移动一起在深圳测试了5G新型网络基站。一年后，中兴通讯又和日本软银联合开发了面向5G的关键技术。因为日本的最大移动运营商属于日本软银旗下，中兴通讯和日本软银签下的合作协议，也可以看作是早日实现双方在技术上的互补和熟悉，为将来的5G网络建设打下基础。

通过以上细节可以看出，中兴通讯自有其强大的技术基础。所以在2018年经历美国处罚后，虽然全球市场份额短暂下滑到7.7%，但是仍然凭着自身的技术基础，于2019年回到了接近全球通信设备市场份额高点的9.9%。公开资料显示，到2019年9月，中兴通讯在全球已拿到的5G商用合同超过35个，发货5G基站超过5万座，与全球60多家电信运营商展开了5G技术合作，涵盖除中国以外的广大欧洲、亚太和中东市场，呈现出整体向好的趋势。

2020年1月，中兴通讯又宣布，将在国内A股市场增发3.8亿股股票，募集115.13亿元人民币用于5G网络演进的技术研究和产品开发项目，并补充公司的部分流动资金，此次研发布局包括了5G核心网、5G移动网、5G传输与承载网、固网宽带、大数据与网络智能技术等各个方面的研究和产品开发，显示了中兴通讯强烈的市场进取心。至此，中兴通讯已经在全球部署了15个研发基地，拥有了超过3.5万人的研发队伍，还积累了超过3500件的专利技术，再次成为全球5G网络通信设备企业中的重要一员。

基带芯片各有优势

时间已进入2021年，5G的浪潮越发水大浪急，在技术标准、专利技术以及路线发展之外，5G的基带芯片之争也闯入了人们的视线。

通常而言，一个手机芯片（System on Chip，SoC）主要由两个核心部分组成，分别是应用处理器芯片AP（Application Processor）和基带芯片BP（Baseband Processor）。两部分的应用方向各不相同，处理器芯片主要进行手机运转的基础运算，并带动手机的各种基础应用；基带芯片则赋予手机更广阔的使用前景，比如导航、拍摄、上网等，两者都是手机应用的心脏。

在基带芯片这一领域，我们可以发现，这一领域并不因为高端就缺乏竞争，相反，从功能机时代到智能机时代，主要的基带芯片厂商一直在变化。3G时代曾经存在的德州仪器、博通、英飞凌退出了，4G时代的尾声中，英特尔又退出了，能够一路走来的老厂商，只剩下高通和联发科了。好在华为、三星等新兴势力加入了基带芯片的角逐。回顾历史，我们看到，想摘取基带芯片这顶桂冠的参赛者众多，能一直守住的幸运儿却寥寥无几。

高通无疑是在基带芯片的王座上坐的时间最久的。但高通的荣耀绝非偶然，是巨大的资金和技术投入，以及完善的发展策略，才让它一直把领先地位保持到今天。直到今天，想要实现全网通的手机厂商，仍然必须向高通和威睿电通两家公司支付

CDMA技术的专利使用费。而那些不甘心的厂家们,要想不付专利费,除了像联发科一样与威睿电通搞合作以外,就只有像英特尔一样,收购威睿电通。可惜,有如此财力和魄力的公司毕竟不多。

到了5G时代,基带芯片作为通信设备的核心部件仍然是这场竞争中的焦点,就算5G网络的完整标准仍然在继续发展,但是各大基带芯片厂商无不提前布局,尽早研制,希望在5G时代抢占有利地位。

这其中,最富戏剧性表演的也许就是英特尔公司了。

早在2018年国际消费电子展上(CES),英特尔就秀出了"5G肌肉",发布了XMM8060 5G芯片,但因为有报告称苹果公司不满意XMM8060的散热功能,英特尔又很快于2018年11月发布了XMM8160 5G芯片。从现在的角度看,当时的英特尔公司为了抢占5G基带芯片的先机是不遗余力的。他们在新发布的基带芯片样品中,使用一个合成的调制解调器来合并处理5G和4G等网络的连接问题,简化了设计复杂度,有益于下游的设备生产商生产流畅的5G产品。但是3个月后,英特尔的这款基带芯片仍然不能大量上市,面对有意购买的各个厂家,英特尔无奈地表示,大规模供货还要等到一年以后,现在能提供的只有样品。这说明,5G基带芯片的生产绝非英特尔表面所说的那么容易,产品设计和生产线的调整都不是一蹴而就的。至此,英特尔的5G基带芯片又蒙上了一层阴影。

就在所有人都以为英特尔会加紧研制5G基带芯片时,2019年4月16日,又传来另一个消息,高通和苹果突然和解了,双方结束了折腾了近两年的专利官司。闻听这个消息后,英特尔于几个小时后,就赫然宣布将退出5G智能手机调制解调器业务。

这件事从表面上看,好像是苹果和高通和解后,双方言归于好的态度会影响英特尔5G芯片的销路,但外界不清楚的是,到底是苹果、高通和解在先,然后苹果抛弃了英特尔?还是英特尔自己先放弃了基带芯片业务,导致苹果无可奈何只能重新去找高通?这两种猜测,一种强调了销路问题,一种强调了研发的难度,都说明了在5G基带芯片领域生存者的不易。但不管怎样,现在能够生产5G基带芯片的就只剩下高通、华为、三星、联发科和紫光展锐这五家公司了,现在就让我们来盘点一下这五家公司的5G基带芯片。

一、高通骁龙X50和骁龙X55

全球首款5G基带芯片仍然是高通公司推出的,那还是在2016年10月中国香港4G/5G峰会的时候。根据高通的介绍,骁龙X50芯片支持的网络下载速度十分惊人,对其他一些5G网络特有的,诸如,多天线技术、波束成形技术等也能够很好地支持,表现出很好的5G特性。由此可以看出,高通的技术功底绝非浪得虚名,在其他厂家还在观望摸索的时候,他们已经拿出能够使用的5G芯片产品了。但是这款基带芯片毕竟推出较早,对很多5G网络的新技术和新标准尚不能全面支持,比如在毫米波应用方面,这款芯片就只能支持6GHz以下的毫米波,这也许和美国自身的研究限制有关。

为了迁就毫米波这一5G新特性,高通在骁龙X50芯片上使用了三个天线模块,这样做固然可以保证毫米波的接收质量,但从设计工艺上看,更像是一种临时的增补措施,而非整体通盘考虑，这种设计的后果，就是会让下游的5G手机不能在轻薄性上有完美的表现，而且还必须搭配高通的骁龙855芯片进行使用，怎么看，都不是一款完全的5G基带芯片。

从这一点可以看出，高通第一代的5G基带芯片依然有比较大的局限性，主要强调的还是先发性。现在已经确认搭载高通这种初期5G基带芯片的设备有：摩托罗拉M3 5G mod、三星Galaxy S10 5G版本、小米Mix 3 5G版本、索尼Xperia 5G、LG V50 5G、一加（未命名5G版本）等，这些也是最早面向市场的5G手机。

2019世界移动通信大会（MWC）开展前，高通又发布了第二代5G基带芯片骁龙X55。应该说，高通对自家第一款5G芯片产品的不足之处心知肚明，所以在第二款产品中，对5G网络新特性的支持有了大幅改进。

值得一提的是，骁龙X55升级后不再固守于美国对5G网络的频段限制，而是全面支持5G网络使用的所有频段，同时还支持时分双工和全双工两种运行模式，并且支持5G非独立组网和独立组网两种网络部署形式。这样，高通的这款新芯片就向前迈进了一大步，可以成为更多5G通信设备的基础部件。下游产品在使用了这款新基带芯片之后，可以同时接入4G网络和5G网络，对通信产品的延续性大有好处。

高通对自家的这款新基带芯片也很有信心，2019年底已经可以大规模供货，届时正好赶上各国大规模商用5G网络部署的风口。我们从中可以看出，高通对于自家5G基带芯片的推出，有着全面成熟的考量。早期推出的基带芯片也许不够成熟，对5G新技术的支持也不够全面，但能成功卡位，满足一部分下游厂商急于推出5G产品的愿望，并成功引导他们继续使用高通产品。这一策略，至少在现在看来是成功的。

在实际应用方面，高通的骁龙X55除了可以用在手机和基站设备上以外，平板和笔记本电脑上也可以使用，如果这样的话，高通的5G基带产品就有可能构成一个生态系统，成为众多下游厂商和终端用户绕不开的环节。暂时来看，5G时代的高通仍然是从前那个让人又爱又恨的高通。

二、华为巴龙5G01和巴龙5000

华为从3G时代开始崛起后，4G时代进入移动通信设备领域的各个环节，就算是基带芯片领域也不遑多让，在5G时代已然开始的时候，华为成为这一领域的第二个玩家。2018年2月，华为在充分准备之后，发布了巴龙5G01，这是华为自己的首款5G商用芯片，同时华为还推出了基于该芯片的终端用户产品，显示了华为在整个5G产业链上有所作为的决心。

当初，高通推出骁龙X50时，5G网络的R15标准尚未公布，而华为的巴龙5G01推出时，恰逢其时，已经能够符合5G网络的最新技术标准，所以，华为不争第一也许不是拿不出产品，而是在等待更合适的时机也未可知。华为的巴龙5G01也确实更全面地支持了5G网络的各种新技术和新特性，在网络兼容性、频谱适用性、网络运行速度和多种组网方式的支持上，都表现良好，更接近于一款成熟的5G基带芯片产品。

进入2019年，华为更进一步，又发布了新一代5G多模终端芯片产品巴龙5000，同时和以前一样，基于这款基带芯片的新一代商用终端也一并发布了出来。华为的巴龙5000是上一代巴龙5G01的改进型号，拥有了更高的集成度和更先进的制造工艺。使用了巴龙5000的移动通信设备，有望可以把产品生产得更小和更紧凑，并更加适应5G网络的新特性。

华为的巴龙5000在各方面性能上都超过了高通的第一款5G基带芯片产品骁龙X50，高通在这之后迅速推出了骁龙X55，并宣布了大规模量产的时间。此举显然是在暗示华为的基带芯片产品就算性能不差，但和高通相比，大规模量产的能力还尚显不足。因为华为自己也表示，华为的基带新品在现阶段还主要是供自家的下游产品使用。

其后，华为在2019世界移动通信大会（MWC）上发布的5G折叠屏手机Mate X，也确实搭载的是巴龙5000基带芯片。可以预计，华为后续的众多5G终端用户产品和5G移动设备都将搭载自家的基带芯片，这既是华为在遭受制裁后，保护自己供应链的有效手段，也是对自己产品性能表现出来的充分信心。

三、三星Exynos 5100

三星和华为的策略类似，都是希望建构起可以充分保障自身产品线安全的供应链，所以三星也在和华为差不多的时间，推出了自家的基带芯片产品Exynos 5100。

三星的这款基带芯片产品采用10nm LPP工艺打造，完全支持和兼容3GPPR15技术规范，同时向下兼容2G、3G、4G网络的主要使用频段。经过测试，三星的Exynos 5100可以发挥出比4G网络快接近2倍的速度优势，对5G网络使用的毫米波也能够充分支持。虽然使用Exynos 5100基带芯片的终端产品暂时还没有出现，但根据三星公司以往的惯例，Exynos 5100基带芯片最有可能率先搭载在三星最新的手机移动终端上。而韩国的5G移动通信网络开始建设后，Exynos 5100基带芯片也将大有可为，毕竟作为电信大国，韩国国内的电信市场已经很可观了。

四、联发科Helio M70和天玑1000

联发科作为基带芯片市场的长期供应者，名声虽然没有高通大，但也是一支不容小觑的力量。2018年6月，联发科在华为和三星的前后脚发布了自家的首款5G基带芯片Helio M70。这款基带芯片符合5G网络的最新技术标准，也支持各种5G灵活组网方式，在各种性能表现上虽没有惊人之举，却也中规中矩，不失为一款合格的5G基带芯片产品。

但是联发科的产品一向有成本优势，大规模出货的能力也比较强，所以在全球市场上有众多的长期合作伙伴。有消息称，欧洲众多即将开始建设5G网络的国家，有可能继续使用搭载了联发科5G基带芯片的设备，因为已经和多个国家签订5G网络建设合同的阿尔卡特公司，将继续使用联发科的5G基带芯片产品。如此看来，顽强走过3G时代、4G时代的联发科在5G时代仍然会有它的一席容身之地。

但联发科的Helio M70基带芯片也并非没有弱点，在早期发布的产品上，这款基带芯片不能支持5G网络使用的毫米波。联发科则表示，Helio M70并非不能支持毫米波，而是在考虑了产品的整体性能之后，暂时没有添加支持毫米波的模块，如果以后下游厂家有需求，联发科可以很方便地把适用于毫米波的模块添加上。看来，联发科的Helio M70和高通的骁龙X50类似，是通过集成的方式在原先产品上表现5G新特性的，这不算是一款专门针对5G网络设计的新一代5G基带芯片。

但联发科的实力肯定不止于此。2019年11月26日，联发科在深圳隆重宣布推出一个5G芯片新品牌——天玑，这个名字源于北斗七星之一，其意为领先。

联发科不在以往产品上迭代新型号，而是推出芯片新品牌，表明联发科对这款新的芯片产品寄予厚望，也许是要凭借这款产品打入基带芯片产品的高端，开创新局面也未可知。这款名为天玑1000的新品牌首款产品，据悉采用了7nm工艺制造，各种网络测速的表现也堪称惊艳。

而作为联发科重点推荐的新品，天玑1000还有两项独门绝技。首先，天玑1000率先支持了新一代WiFi 6网络协议，这一个新协议是专门适用于5G网络环境的，对实现客户终端的各种高网速体验和稳定连接十分重要，天玑1000在各种5G芯片中率先支持它，就是为了早日把5G网络的新特性带到用户面前。其次，天玑1000可以同时支持全球六大卫星导航系统，这对于相关应用芯片的集成要求非常高，而且这种做法不能简单地视为应用冗余，因为这给下游厂商的设计应用提供了很大的灵活性。试想看，下游厂商灵活使用多导航系统后，导航信号受遮挡的情况就可以灵活应对，导航断点将大大减少，用户在进入地下停车场等各种信号不好的地方，凭着惯性导航、交叉导航也可以准确找到自己想去的地方。

天玑1000作为一款性能良好的5G芯片，为众多5G终端用户提供了一个又一个良好选择。在5G时代已然开启的今天，相信联发科今后还会有更多更好的芯片供应给市场。

五、紫光展锐春藤510

紫光展锐作为中国另一家专门致力于芯片生产的企业,长期紧跟基带芯片市场的潮流,不断谋求产品性能的向好和市场的扩大。2019年,紫光展锐也发布了自家的首款5G基带芯片——春藤510。

紫光展锐的春藤510虽然还在用12nm制造工艺,和现在的主流5G芯片产品有一定的差距,但已经能够支持各种5G网络的新技术和新特性,也符合最新的R15 5G技术标准,能够支持多种通信模式、多种5G架构的组网方式,算是一款中规中矩的5G基带芯片。

春藤510也许不适用于比较高端的5G终端设备,但是一般的5G高清电视、虚拟现实设备还是可以胜任的,特别是将来5G网络环境下,万物互联的场景中,有大量的工业和生活用品都需要连接到5G网络上,而这些绝大多数物品并不需要特别高端的5G基带芯片作为使用部件。春藤510如果突出成本优势,完全有可能在这些设备上找到自己的用武之地。

不过,紫光展锐的抱负显然不止于此。在对标行业霸主高通的艰苦道路上,紫光展锐显然已经走在了一条正确的道路上。根据照紫光展锐通信研发团队的已有经验而言,5G基带芯片的研发和应用处理器(AP)完全不一样,不是用高薪招来一批技术专家就可以解决的,这里面,团队的磨合、经验的积累等的重要性,丝毫不比天才的设计次要,甚至可以说,任何一种惊艳的设计如果没有大批次、复杂环境下的反复测试,则任何一种设计方案都不可能最终落地。先发企业在这方面的优势往往就是冰山下那不显山露水的十分之九的实力。

但是,紫光展锐没有在这方面投机取巧。为了兼容多种模式的有效性,除了中国三大电信运营商使用的GSM、WCDMA、CDMA2000、TD-SCDMA等模式外,还要测试国外的多种模式,可以说是跑遍了全球的电信运营商。为了测试2G、3G、4G到5G的兼容性,紫光展锐的研发团队调用了大量人手,在全球各种网络环境下,验证基带芯片的有效连接性。为了测试频段的有效性,紫光展锐的研发团队需要反复测试3GPP确定的29个5G适用频段,只有确认春藤基带芯片可以在全球不同国家不同地区的不同频段上都能通用,紫光展锐才算是交出了合格的基带芯片产品。

正是在这种不懈的努力下,紫光展锐才在老牌芯片企业英特尔都宣布退出基带芯片的情况下,仍然坚持了下来,并推出了自己的基带芯片产品——春藤510。即便春藤510还算不上是业界的顶尖产品,但紫光展锐已经在全球能够生产5G基带芯片的五家企业中,占据了自己的一席之地。

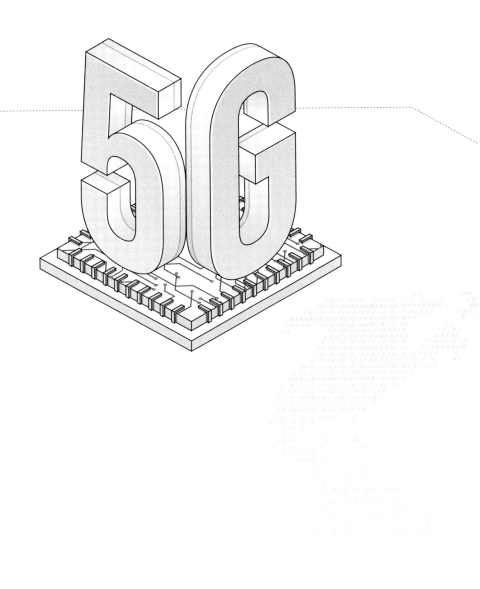

第五章

未来已来

移动通信行业的未来，近期无疑就是5G移动网络和各种5G移动终端。在各大企业密集上市的5G产品中，我们可以看到，各行各业都在积极准备搭上5G的快车，再造一片新天地，但从长期来看，现在的通信基础理论界限已经越来越限制移动通信技术的发展了。对新理论新技术的呼唤已经在学术界渐成风潮。未来的移动通信之路很可能会两条腿交替前进，一条腿继续在现有理论中深挖潜力，早日把6G变成现实；另一条腿则迈向未知领域，把人类的无线通信能力带向一个新的维度。

5G产业链日渐完整

5G技术经过前些年的技术准备、标准确认和具体研发之后，如今已经有了现实的基带芯片、5G手机和基站设备，可以说，一条完整清晰的5G产业链已逐步显现在人们眼前。在这条产业链上，芯片、基带、射频器件、天线等设备可以构成5G手机、可穿戴设备和其他个人终端；芯片、传感器、控制模组则可以构成其他物联网终端。而5G网络则主要靠基站单元、基带天线、射频单元和光纤主干网，构成接入网和传输网。假以时日，5G网络初步建成，各种终端逐步就位后，再结合云计算平台、人工智能（AI）、大数据、区块链等新技术，5G技术就可以在生物识别、语音识别、移动互联网、超高清视频、智慧园区、智慧制造、车联网、远程医疗、智慧电力、智能安防等众多领域形成产业链，构筑起新的产业形态，催生出新的产业模式，从而引领社会向前发展。

但是，5G网络的建设毕竟仍处于早期阶段，各国各地区的5G商用网络数量依然较少。据统计，全球运营商已部署5G网络基站的在现有基站数中大约只占19%，大部分运营商还处于评估、测试、申请牌照、网络规划的进程中，这也给5G产业链的发展带来一定的不利影响。

预计5G技术将给以下产业带来深远影响。

一、虚拟现实（AR）和增强现实（VR）

因为虚拟现实（AR）和增强现实（VR）需要大量的数据传输、储存和计算功能，4G时代时，这项技术始终不能带给用户良好的使用体验。但是5G技术因为有高速率、低时延、大容量的特点，再结合云技术，那么大量的数据计算和储存就可以交给云端服务器处理，虚拟现实（AR）和增强现实（VR）的终端设备就可以大大降低成本，走入千家万户。届时，除了游戏体验和视频观看更加流畅以外，人们还可以借助5G支持下的虚拟现实（AR）和增强现实（VR），在远程办公、远程教育、赛事观看、展会参观等各种需要沉浸式体验的场景中，身临其境地感受科技魅力。如果结合生物技术和医疗技术，特制的导航头盔还可以给众多盲人带来福音。

据估计，到2025年，虚拟现实（AR）和增强现实（VR）会改变现在的大众生活形态，市场总额将达到2920亿美元，其中虚拟现实（AR）约为1510亿美元，增强现实（VR）约为1410亿美元。

二、车联网和无人机联网

5G网络构成后,车联网和无人机联网也将成为现实。届时,因为人、车、路、云融为一体,汽车不仅仅可以低成本地实现自动驾驶,还可以让各种车辆实现远程驾驶和编队驾驶,这样不仅更安全,而且更高效和更节能。经测算,到2025年,5G网络连接的汽车数量将达到5030万辆,5G网络覆盖下的路面将基本实现智慧交通。

在5G网络的操控下,无人机将摆脱现在零散、混乱、难以监控的状态,使无人机的操控者可以借助5G网络,实时、精准地了解每一架无人机的状态和位置。一旦无人机实现有效掌控,那么在森林防火、大气监测、地理测绘、农药喷洒、线路巡查、物流运输、演艺直播等各个行业和领域,都可以大量节约人力、物力,并使相关工作人员更加安全。经测算,小型无人机市场的价值有望在2026年增长到339亿美元,同时还可以带动相关软件、硬件和服务快速发展。

三、智能制造和智慧能源

智能制造主要是通过利用5G网络的泛在性、大容量和低时延,满足生产单位内部信息采集和大规模机器间的通信需求。也就是说,不光要解决人与人、人与物的沟通问题,还要解决物与物的沟通问题。在这个过程中,高频和多天线技术可以支持生产单位内部的精准定位和高宽带通信需求;毫秒级低时延技术将满足现代工业机器人之间精准的互动和协调;5G独立网络切片技术将支持企业实现多用户和多业务的隔离和保护。可以预计，将来的5G网络必将替代现有的工业以太网，涵盖到生产的各个环节。而将来生产单位的各个制造环节也不一定非要集中在一起，这样则有助于缓解和改善一些地区的环境问题，并节约生产成本和建设成本。

能源是现代社会运转的动力，一刻不可或缺，但现代能源的采集、生产、运输、使用和维护往往都相隔遥远，每个环节面临的具体情况也千差万别。利用5G网络的特性，将来能源生产单位在生产领域就可以实现高效的分布式接入调控，比如每一个单机情况都不相同的风力机组或太阳能机组，都可以在5G网络控制下平滑入网。在运输和生产环节，也可以通过5G网络进行实时数据采集和传输过程中的远程控制，并在多系统之间实现协调调度和高速互联等功能。以5G网络为基础还可以支持能源智能化匹配，并精准定位整个系统中的故障点，找到发生故障的原因。在建设和维护环节，5G网络更有助于能源系统节约人力和保障员工安全，过去在高山、峡谷、宽广水域的艰难建设和维护方式将得到很大改变。经测算，全球配电自动化市场的价值将从现在的130亿美元，增加到2025年的360亿美元。过去难以有效利用的风能、太阳能等新型能源，也将顺利、高效地并入智能能源网络。

四、智慧城市和社交网络

随着无线通信网的进步，人们在社交网络中的交流方式逐步由文字变成图片，再变成视频，伴随着这一变化的则是功能越来越强大的手机。到了5G网络大规模建成以后，由于5G网络的特性，人们的社交终端将不再局限于手机，而是可以使用越来越多的可穿戴设备和随时可以接入网络的其他设备。从现在的趋势看，社交网络的两大趋势是社交视频和移动视频，而5G网络无疑会赋予这种趋势更广泛的灵活度和更大的应用空间。在5G网络的帮助下，社交视频将更注重实时性和互动性，使任何人可以在任何时间、任何地点参与到任何事中，这对将来的赛事转播也许是颠覆性的，但却会成为"新新人类"的生活方式。

5G网络铺开后，不仅个人生活会不一样，公共空间也会大不一样。届时，城市各个地方都会遍布传感器和监视器，举凡医疗、环保、公共安全、工商业活动等，都会随时处于数据采集状态下，再配以人工智能（AI）和大数据，人们应对突发事件的反应时间将会大大缩短，城市的所有公共设施将以联动配合的形式为人们服务。人们将无缝穿行于社交网络和智慧城市之间。

通过以上描述，我们可以知道，5G网络是通过极致性的增强带宽、降低时延、提高速率、万物互联等手段，先在某一垂直行业中获得突破，然后再向其他行业广泛扩散，可以说，跨界交融是5G网络的天然特性。从这个特性讲，单纯地说5G网络会怎样影响某一个行业，这必定不是对5G网络的准确描述。因为5G技术不仅会在单个行业里产生影响，它还会在其他行业里产生影响后，又转过身来对这个行业产生二次影响或三次影响，反之亦然。

从这个意义上说，5G产业链必将是具有高渗透性的全能产业链，对各行各业的影响也将是全方位的，所以，各国对5G制高点的争夺才会这么激烈。

5G商用时间缘何争先恐后

以下是通过公开报道统计的各国各地区网络运营商推出5G商用服务的时间表，如表1所示，可以看出5G网络在全球的推广情况，也可以从中看出中国的5G商用步伐在世界上处于一个什么样的位置。

表1　全球5G商用服务推出时间表

国家或地区	运营商	推出5G的时间
中国	中国移动	2019年推出5G商用服务
	中国联通	2019年推出5G商用服务
	中国电信	2019年推出5G商用服务
中国香港	中国移动香港	2020年推出5G商用服务
中国台湾	台湾中华电信	2020年推出5G商用服务
	台湾亚太电信	2020年推出5G商用服务
日本	NTT Docomo	2020年推出5G商用服务
	软银	2020年推出5G商用服务
韩国	SK电讯	2019年推出5G商用服务
	韩国电信	2019年推出5G商用服务
	LG Uplus	2019年推出5G商用服务

续表

国家或地区	运营商	推出5G的时间
澳大利亚	Optus	2019年推出5G商用服务
	Telstra	2019年推出5G商用服务
新西兰	Spark	2019年推出5G商用服务
	沃达丰	2019年推出5G商用服务
菲律宾	PLDT	2020年推出5G商用服务
	Globe Telecom	2019年推出5G网络无线接入服务
巴林	Zain	2020年推出5G商用服务
	Viva	2019年推出5G商用服务
泰国	TrueMove	2020年推出5G商用服务
斯里兰卡	SLT	2020年推出5G商用服务
阿联酋	Du	2019年推出5G商用服务
卡塔尔	沃达丰	2018年推出5G商用服务
科威特	Viva	2019年推出5G商用服务
美国	AT&T	2018年底已经在美国十几个城市推出5G服务，将来逐步在全国推广
	Verizon	2018年已经在美国5个城市推出5G商用服务，将来会走向5G独立组网
	T-Mobile US	2019年推出5G商用服务
	Sprint	2019年推出5G商用服务
加拿大	Telus	2020年推出5G商用服务
俄罗斯	MTS	2020年推出5G商用服务
英国	EE/BT英国	2019年推出5G商用服务
	沃达丰英国	2019年推出5G商用服务
	O2英国	2019年推出5G商用服务

续表

国家或地区	运营商	推出5G的时间
德国	德国电信	2019年推出5G商用服务
德国	西班牙电信（O2）德国	2020年在德国推出5G商业套餐
法国	Orange 法国	2020年在法国推出5G商用服务
法国	SFR 法国	2019年进行了5G网络的试验部署和评估，2020年推出正式5G商用服务
西班牙	西班牙电信（Movistar）西班牙	2020年推出5G商用服务
西班牙	Orange 西班牙	2020年推出5G商用服务
瑞士	瑞士电信	2019年推出5G商用网络
瑞士	Sunrise Communications 瑞士	2019年推出5G商用服务
瑞士	Salt Switzerland 瑞士	2019年推出5G商用服务
瑞典	TeliaSonera 瑞典	2020年推出5G商用服务
瑞典	Tele2 瑞典	2020年推出5G商用服务
芬兰	DNA 芬兰	2019年在芬兰推出5G商用服务
意大利	意大利电信（TIM）意大利	2019年推出5G商用服务
圣马力诺	意大利电信（TIM）圣马力诺	2018年在圣马力诺进行5G技术部署
克罗地亚	T-Hrvatski Telekom 克罗地亚	2020年在克罗地亚推出5G商用服务
捷克	Nordic Telecom	2018年推出5G商用服务
爱尔兰	沃达丰 爱尔兰	2019年在爱尔兰推出5G商用服务
爱沙尼亚	TeliaEesti 爱沙尼亚	2018年在爱沙尼亚推出5G商用服务

续表

国家或地区	运营商	推出5G的时间
拉脱维亚	LMT 拉脱维亚	2020年在拉脱维亚推出5G商用服务
波兰	Orange 波兰	2019年开始在进行5G网络测试和评估,并推出5G商用服务
罗马尼亚	Orange 罗马尼亚	2019年在罗马尼亚推出5G商用服务
巴西	Claro 巴西	2020年推出5G商用服务
南非	Rain	2019年推出5G商用服务

并不遥远的6G

短短几十年,人类的无线通信技术就从1G发展到了5G,我们的生产生活也随之发生了翻天覆地的变化。站在5G的大门口,我们似乎还有些不知所措,难以想象,但是历史经验告诉我们,一切伟大的创举都必将成为过往,一丝一毫的松懈,都可能在未来产生恶果。

5G虽然令人目眩,但绝不会是无线通信历史的终结,5G的目标完全达成之后,仍然会有一些可以改进的空间。比如说,在5G环境下,相隔遥远的一对恋人应该可以实时看见对方的全息影像了,但5G的带宽尚不足以同步传输双方的呼吸、脉搏、心跳等生理指标，距离"咫尺天涯，感同身受"还稍有不足；再比如，5G网络要达到全球互联互通，并且随时在线的目标，那水下通信也应该包含在内，但现阶段却难以实现，在我们这个70%的表面被水覆盖的星球，这方面的需求还有很大的释放空间。

更何况在通信行业内，人们早已习惯了"使用一代、建设一代、研发一代"的紧凑节奏，那么既然5G已经来到眼前，6G还会远吗？

其实，对于6G的展望和研究早已在世界各地静悄悄地开始了。

2019年3月，芬兰奥卢大学举办了一次关于6G的技术研讨会。主办方邀请来自各国的顶尖通信专家，一起对6G网络技术、6G网络的应用场景等问题进行闭门探讨。众多专家在会议期间，对6G的前景进行了充分展望，提出了很多技术目标，并对达成这些目标的手段进行了初步论证。会后，主办方发布了一份白皮书，展示了此次研讨会的思想成果，初步回答了6G移动网络将来可能具有的形态、能达到的技术高度和解决6G技术难题可能需要的手段等问题。

从这份白皮书透露出的信息可以看出，6G移动网络将是在5G网络基础上的一次飞跃，无论是数据传输速度、时延性，还是设备连接密度、可靠性等技术指标，都将比5G网络提升10～100倍的数量级。为了实现传输速度上的飞跃，5G采用的毫米波将不再够用，6G的频谱使用范围将向太赫兹频段扩散，6G网络对移动终端用户的定位也将更加精确。届时，5G网络大范围使用的人工智能辅助技术，也将在6G网络中更加普及，因为在6G网络的使用环境下，各种信息会每时每刻成海量地涌向终端用户，如果没有人工智能技术帮助用户筛选信息并做出初步的信息处理，那么我们是无法获取有效信息的，因为任何人都没有能力处理这样大的信息量。

到了6G时代，从2G一直延续到5G的信息技术手段几乎用到了极致。第一，网络容量在太赫兹频段将有极大的扩充；第二，网络传输速度将有极大的提升，预计会比5G时代提高10倍以上；第三，网络时延会控制在0.1毫秒以内，而且连接更加稳定；第四，6G网络在相同面积内能够连接的设备数量，也将比5G网络增长10倍以上。6G网络会比5G网络更加成熟，能够支撑信息条件下各种终端设备的使用。在6G网络环境下，手机将不再是个人最重要的终端设备，网络用户身边的各种生产生活用具都将具有连接移动网络的能力，个人用户将在各种云端智能工具的帮助下，使用各种智能设备。

和以往一样，欧洲的学术界和企业提出目标后，政府就会大力支持。这一次，芬兰政府首先拿出了2500万欧元，支持本国的电信龙头企业诺基亚和学术界共同开展6G网络的前瞻性研究。其他国家的政府和企业同样不甘落后，也做出了自己的应对。

日本方面。日本电信电话公司（NTT）已经与日本国内外65家企业展开合作，力争在2030年之前量产能够通过光信号处理信息。我们从中可以看出，日本企业是把光半导体作为6G传输技术的主要突破点，如果光半导体技术获得重大突破，能够大规模量产，并且形成6G网络技术的底层标准，那么日本企业无疑会在6G网络的研发和建造上获得优势地位。

韩国方面。韩国的三星和LG公司都已经于2019年开展了6G技术的基础研究，同时，韩国的电信企业还和欧洲的电信企业展开合作，双方共同研究6G，共享研究成果，将来在推行6G网络的适用标准和建设方法时，双方势必会有更多的共同语言。

美国方面。这一次，美国联邦通信委员会吸取了5G网络建设中频谱分配不合理的教训，于2019年3月，率先开放太赫兹频谱供美国公司用于6G网络技术的研发和验证。美国领导人也多次表示，希望5G乃至6G早日在美国落地。

面对这些挑战，中国无线通信行业也有自己的规划。

从2018年起，中国政府层面的先期规划就已经开始了，在行业主管部门和经济主管部门，如在国家发改委和工信部的牵头下，中科院、教育部等众多科研部门都加入了关于6G网络的准备工作。

2019年11月，中国6G研发推进组正式成立，这是一个类似于5G推进组的机构，在5G推进组成功地指导了中国的5G研发之后，有关方面显然是想借助5G研发的成功经验，继续指导中国的6G网络技术领先发展。作为后援支撑，与6G推进组同时成立的还有一个总体专家组，专家组的成员主要来自企业和各大高校、科研院所，成员多达37位，主要工作是给6G研发过程中遇到的技术方向难题和重大策略问题，提供建议和咨询。

与此同时，国内关于6G的各种展会、研讨会也在密集召开。比如：2019中国移动全球合作伙伴大会展览会上，中国移动通信研究院展示的6G资料显示，6G网络应该有这几个特点，即按需要服务的网络、柔性网络、智慧网络、安全内生、智慧内生等。

2019年9月在北京邮电大学召开的以"6G：人·自然·智慧"为主题的"6G移动通信技术展望学术研讨会"，展望了未来移动通信的演进之路，并探讨了6G的定义、应用场景和关键技术等。

2019年11月，北京召开的世界5G大会上，与会专家对5G之后的技术发展进行了科学研讨。

综合各类研讨会的意见，我国专家认为，从5G到6G，现代社会也将从信息泛在走向智能泛在。6G时代的新应用场景包括：可以全面虚拟用户特征的体域网、统一协调安排人车路的超智能交通、全面跨越语音通信的全息通信、机器间自主沟通的智能生产网络、通感传输，以及增强型的云端智能助理等多个领域。

其中，体域网将是人类健康的一大福音。通过6G网络超强超稳定的连接能力，在6G环境下，用户可以通过多种感知设备，把虚拟的身体状况传到云端，由机器专家对用户的健康状况进行实时跟踪。在体域网的作用下，人体的疲劳和病变将在第一时间被确诊和治疗，每一个人都不会再等到病性恶化时才去医院，这对用户的生命质量意义重大。

超智能交通是指将来的局域车联网会扩展到空中和水下，实现不同维度的交通大联合。这种规划既有整体性的全面安排，又兼顾个体的实际需求。个体的任何出行计划，都不会因为和整体安排有冲突而陷入尴尬之中。有了这一技术，那么从4G开始萌芽的全自动驾驶，经过5G的全面发展后，也许要到6G才能完全成熟。

通感传输是指6G时代的网络，不仅可以实现视觉和触觉的传输，味觉和嗅觉等其他感官的传输也有望实现。通感传输一旦实现，又将开辟很大的一块应用领域，每个人身边的机器设备也会更懂得每个人的需求，差异化服务将真正得以实现。

在6G网络环境下，全息通信应该是一种常见的远距离沟通方式，这种沟通方式跨越了语音和视频，在远程办公、远程教育等方面意义重大。全息通信的一个难点可能在于多人同时在线的传输问题，不过假以时日，全息通信必然会像视频通话一样普及开来。

云端智能助理虽然是个助理，但是在未来可能没有这个助理，普通人就会寸步难行。因为在后5G时代，各种场景产生的信息数量已经远远超出了人类感官和大脑能够处理的量级，所以，每一个人都会需要一个自己的云端智能助理，这个云端智能助理也许是新一代的手机，也许是某种可穿戴设备，也许是某种皮下植入芯片，但不管怎么样，那时的人类只有在云端智能助理的帮助下，才能从海量信息中解脱出来，而不至于被信息洪流彻底淹没。

6G时代的智慧生产将会是各种智能子网络的融合，生产过程的全程监控将得以实现，然后结合5G时代开始发端的边缘计算和大数据等技术，生产过程将全面呈现智能化形态，凡是那种低端的、重复生产的过程，人类都将大规模退出，更多的人群将从各种琐事中解放出来，从事更有创造性的工作。

在现阶段，为了实现6G网络的技术指标，专家们认为，应该高度关注太赫兹通信技术、进一步优化的极化码技术、光半导体技术、网络自动化技术以及先进的多层天线传输技术等。其中，太赫兹是当前最热门的话题之一。

太赫兹频段属于亚毫米波频段，是比现在5G网络使用的毫米波频段频率更高的频段。如果要进一步提升5G网络的网速和网络容量，开发太赫兹频段几乎是最顺理成章的选择。太赫兹频段的特点十分突出，那就是拥有更大的带宽范围，可以在相同时间内，比5G网络传输更多的数据。以高速公路来比较两者的区别的话，5G网络如果是四车道的高速公路，那6G网络就是八车道或者是十六车道的高速公路，在这样的道路上传输信息，自然可以做到又好又快。选择更高频段来作为下一代移动通信网络的基础，也算是从1G到5G不断进步的一个惯常道路，现在的通信专家继续在这条道路上前进，可以充分借助前面几代移动通信网络的开发经验。

但是使用太赫兹这种高频率载波也不是没有缺点，其最大的问题是在带宽变大的同时，传输距离却显著变短了。这在5G网络研发时曾经是摆在技术人员面前的一个难题。不过，5G网络的研发人员成功地通过多天线发射和接收技术，以及波束赋形等技术来扬长避短，使5G网络最终达到了使用标准。但是，太赫兹频段在这个问题上，比5G网络使用的毫米波频段更加严重，无线电波在太赫兹频段时，它的主要传播方式已经不是衍射，而是反射和散射，穿透障碍物的能力基本没有，传输距离大大受限。在这种情况下，如何发挥太赫兹频段的长处，抑制它的短处，是一个值得好好思考的问题。

在这方面，有通信专家提出了这样一个思路。因为我们的移动终端往往面对的不是整个移动网络，而是一个一个具体的通信基站，整个移动网络的骨干网可以用光纤和未来的光半导体进行建设，无线传输的难题则主要归结在通信基站和移动终端之间。为了有针对性地解决太赫兹频段的传输问题，专家建议继续在多天线技术和波束赋形技术上深挖潜力。如果说，现在的四角天线不够用，将来可以使用多层天线阵列来补偿太赫兹信号的损耗，当然，解决这个问题也不能只靠增加天线数量，更准确的波束赋形技术和更智能的软件编码技术也必不可少。这样通过一系列组合拳，我们才有望把太赫兹频段的有效利用落到实处。将来的通信基站和移动终端之间，它们的关系也许不像是现在这样，在无处不在的无线通信信号海洋中获得连接，而更像是移动终端和精确的赋形信号之间获得匹配，移动终端的移动性，则由一个个赋形信号进行传递以获得保障。这种做法虽说在技术上是一大挑战,但是它更有益于移动终端在地面、天空、海洋等各个环境下获得移动网络的支持。

不过不管怎么说,现在对于6G的畅想依然建立在70多年前克劳德·香农提出的理论框架内,在这个框架内电磁波的无线通信潜力可以说已经被挖掘得差不多了。其实,就算是太赫兹是否适用于无线通信,现在都还有不同的声音。毕竟,太赫兹不仅有频率高、通信速率高的优点,也有传输距离短和易受障碍物干扰的缺点。现在太赫兹能做到的通信距离只有10米左右,以往太赫兹也主要用于雷达探测和医疗成像方面,距离实际应用于无线通信,还很遥远。但是除了以电磁波为载体的无线通信技术以外,人类的无线通信能力其实还可以另辟蹊径,从其他方面进行考虑。神奇的量子通信和中微子通信就是这方面的佼佼者。

下一代颠覆性技术还有吗

2016年8月16日凌晨,中国首颗量子科学实验卫星"墨子号"的成功发射,让很多人首次听说了量子通信这个概念。但其实在科学界,美国科学家早在20世纪30年代就提出了量子通信的概念。它是指利用光子等基本粒子的量子纠缠原理,实现保密通信的过程,是由量子态粒子携带信息的通信方式。简单地说,就是科学家们发现，具有纠缠态的两个粒子无论相距多远，只要一个发生变化，另外一个也会瞬间发生变化。这种神奇的量子纠缠现象，几乎天然地满足远距离、保密通信这一人类长期以来追求的通信目标。为了实现这一目标，二十多年来各国科学家不但积极完善了量子通信的理论基础，还做了大量的科学实验。

早在1997年，后来的中国量子领域首席科学家学者潘建伟就已经和欧洲学者合作，首次实现了未知量子态的远程传输。这一过程虽然没有实现信息传递，但却是在人工控制下完成了粒子的传输，堪比莱特兄弟的飞机首次离开地面。2003年，亚洲和美洲学者又提出了诱骗态量子密码理论方案，把量子通信的安全传输距离进一步扩展，这是在现有理论和技术条件下，实现量子通信的又一进步。2006年夏，中国科学家实现了超过100千米的诱骗态量子密钥分发实验，使中国在这一领域站在了和欧美科学家相同的起跑线上，也由此打开了量子通信走向应用的大门。

2008年底，中国的科研团队成功研制出基于诱骗态的光纤量子通信原型系统，并在合肥成功组建了世界首个3节点链状光量子电话网。这虽然看上去像是一个有线通信网，但却是量子无线通信网的雏形。很快，中国科学家又在这个试验电话网的基础上，建成了世界首个全通型量子通信网络，并且首次实现了实时语音量子保密通信。这一成果在同类产品中已经位居国际先进水平，标志着中国在城域量子网络关键技术方面已经达到了产业化要求。

在合肥、济南等地建设的短距离城域量子保密通信网，获得大量宝贵的实践经验以后，中国科学家又在"京沪干线"这个两千千米的尺度上，开始建设光纤量子通信骨干网。但是，在这个尺度上，中国科学家发现，携带量子信息的光子在光纤里传播

100千米之后,就只有大约1‰的信号可以到达最后的接收站。地面光纤内的长距离通信似乎并不适合神奇的量子通信。

这时就是"墨子号"闪亮登场的时刻了。因为研究人员发现,携带量子信息的光子穿透整个大气层后仍可以保留80%左右,如果能够利用卫星进行中转,应该就可以实现地表间相距数千千米甚至覆盖全球的广域量子保密通信。

"墨子号"完美地完成了这一试验任务,且还与京沪干线地面网进行了天地链路的互通,初步构建出一个天地一体化的广域量子通信网,补足了量子通信地面传输距离不足的缺憾。2018年1月,"墨子号"又在中国和遥远的欧洲国家奥地利之间,首次实现了距离近8000千米的洲际量子密钥分发,此次试验不仅实现了加密数据的传输,还实现了视频传输,表明以"墨子号"为中继的量子通信网已经具备了洲际保密通信的能力,并且应用场景十分广泛。这也为未来建立覆盖全球的量子保密通信网络和移动通信网络迈出了坚实的一步。

受益于量子保密通信的绝对安全性,量子通信不仅可以率先应用于国防、金融、商业机密等领域,将来还必将扩散到老百姓的日常通信之中。

中微子通信则是另外一种将来可能大行其道的无线通信手段。

早在20世纪30年代,当时研究原子核反应的奥地利物理学家沃夫根·泡利发现,在实验中,一些能量神秘地失踪了。经过计算,他假设是一些叫"中微子"的粒子在核衰变中跑掉了。但直到1956年,通过欧美科学家复杂的核反应试验,人们才确实证明了中微子的存在。科学家们经过研究发现,中微子具有极强的穿透性,小到金属板,大到星球体,中微子都能轻松穿过;它的传播速度也很惊人,因为不带电,又不易于和其他物质发生相互作用，所以中微子在任何介质中都近乎以光速，沿着直线传播，而且中微子本身的质量极小，不会在传输中损失能量和信息，所以中微子几乎就是天然的远距离传输信息的最佳媒介。基于中微子的惊人特性，在二十世纪七八十年代，美国和苏联都进行了一系列中微子通信试验，获得了一些对中微子的初步认知。中国也于2006年，利用深圳大亚湾核电站的独特优势，和多国科学家一道，对中微子的特性积极展开了研究。

到现在，虽然全世界已经有7位科学家因为研究中微子而获得诺贝尔物理学奖，但是中微子的大量特性仍然处于迷雾之中，中微子通信技术也仍然在探索之中。人们只知道，中微子定向性极好，穿透性极强，又不会衰减，如果能够利用中微子的这些特性进行长距离无中继通信，那是再合适不过了。等到中微子通信技术成熟时，可以想象，需要进行中微子通信的双方根本就不需要基站了，也不需要假设庞大的移动通信网络，任何两点之间的信息传递无非就是发射和接收两个步骤，信号死角更是不会存在。现在颇为不易的深海通信或者星际通信都将不再是难事。

不过，作为一种极其微小、不带电、没有电磁作用、又不容易生成的粒子，首先，设计出一种能够方便生成中微子的设备就是一大难题，像现在这样必须借助庞大的核电站来生成中微子肯定是不行的；其次，中微子的储存也不容易，鉴于中微子难以管教的特性，如果没有合适的储存设备，那么中微子一旦生成就会消失得无影无踪了；最后，在中微子上加载信息也不容易，因为中微子难以和其他物质发生反应，在加载信息的过程中又不能破坏中微子的特性，所以，这种能在中微子上加载信息的手段也不容易研制。至于拦截和读取中微子信息，在理论上倒还相对容易，因为只要把储存中微子和加载中微子信息的手段反向操作，那么拦截和读取中微子信息也就有望实现了。

可惜这一切全部只是设想，中微子通信现在还只是理论研究，距离实现还很遥远。但是，人类进步的过程不就是把一个个不可能变为可能吗？百年前的人们，又何曾想过5G无线通信技术的神奇呢？所以，我们现在不仅要继续在香农理论中深入挖掘应用潜力，还应该呼唤新的无线通信理论和技术的出现。相信新的理论和技术一旦出现，人类在无线通信领域的认知和应用必将又会出现新一波的飞跃。

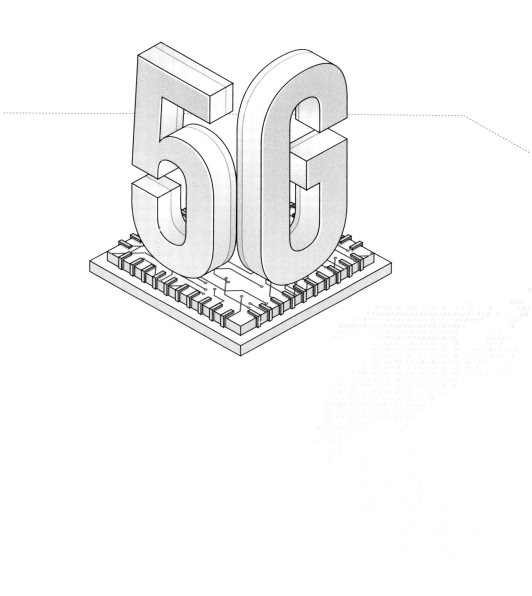

后记

近几年网络上出现了一个很火的词语,叫"低头族"。观察我们身边,不难发现,不管是餐桌上,还是地铁、公交上,大家都在低着头看手机、平板电脑或其他移动设备,而产生这种景象的温床则是现代通信技术的飞跃发展。自人类1G出现,到5G商用,不过短短的几十年时间,但其对人类生产生活方方面面的影响却可以说是翻天覆地。有人说,如果非要表明移动通信技术的发展之迅速,那么,1G是缓慢步行,2G是小步快跑,3G则是如驶汽车,4G就是坐上了飞机,而5G则堪比时光机,它不仅网速快,发展应用得更快,且已融入到我们生产生活的方方面面。

与4G相比,5G带来的不仅仅是网速的突飞猛进,更为重要的是万物互联,人与人、人与物、物与物都在5G的发力之下,紧紧地联系在了一起。比如,无人驾驶汽车渗透到我们的日常生活中后,酒醉驾驶造成的惨案将不再发生;5G银行的出现,使得银行不再需要设置柜台,也不再需要客户经理,大大节省了银行成本,而银行客户也不再需要随身携带身份证、银行卡等证件,只需通过"刷脸"进行本人信息验证即可,因忘带证件而误事的情况将不会再发生;5G在车站的场景应用,推动着车站实现智能化,它低时延的特性让人可以在人流高峰时期精准地监控疏导人群,因小孩走丢而导致的亲人骨肉分离的事情将大大减少,甚至不再发生……不得不说,5G给人类带来的种种生活便利超乎了我们的想象。

除给人类带来生活上的种种便利外,5G也给人类的生产带来了颠覆性的变革。正如新京报评论:5G是一场技术革命,但其中更蕴含着千万亿级市场。5G与云计算、大数据、人工智能等信息技术的交融,将会加速传统产业的改造与跨界整合,推动工业、交通、能源、医疗等传统产业数字化、智能化发展，孵化出新兴的产业链、产品链，驱动数字经济不断向前，从而不断增加全社会的经济价值。据相关研究数据表明，在2020—2025年这5年期间，我国5G商用直接带动的经济产出将达10.6万亿元，间接带动的经济产出将达24.8万亿元。与此同时，5G必将与电子政务、智慧城市建设擦出火花，实现政府决策科学化，社会治理精准化。另外，5G在教育、医疗、文化、体育等场景的应用，可以为人们提供远程教育、远程医疗诊断等服务，这不仅改善了用户的公共服务体验，更是有助于社会公共服务效率提升。

5G带给我们生产生活方式的新变革，以及5G给社会带来的经济、社会、生态效益，是世界各国各企业争先抢占5G制高点的缘由。毕竟，谁在这场5G技术革命中掌握了话语权和规则制定权，谁就可以最大程度地享受这场"盛宴"带来的美味果实。也因此，世界上的各个国家，如中国、美国、韩国、日本、俄罗斯、巴西、澳大利亚以及欧盟各国等均铆足劲地为本国5G发展大开便利之门：减免或豁免5G产业企业的税收，为5G产业企业注入资本，引导企业、高校和科研机构结合等，从而为5G发展奠定良好地基。各大电信巨头也是使出各自的看家本领，竞相角逐，互不相让：华为以扎实的技术，在美国政府的压迫下仍获得了很多5G商用订单，在世界电信行业占据一席之地；三星广撒大网，力求全面发展，以在5G时代站稳脚跟；诺基亚作为欧洲老牌电信巨头，正在加紧5G部署规则制定，力争保持已有的巨头地位；爱立信立足已有优势，加强对外合作，不断分取5G带来的利润空间；中兴通讯不断在5G实践中求成长、求壮大，侧重于5G现实与数字世界的融合，是世界电信行业不可忽视的力量。

5G已来，6G不远。在万物互联的时代，物与物的交互有了可能。我们和大家讲述了通信技术领域曾经发生和正在发生的事件与故事，以让读者了解全球大国及电信巨头5G博弈背后的诱因与逻辑，以期我国能在5G时代独占鳌头，抢占6G时代发展先机！

本书的不足之处还请各位读者指正。书稿的完成，离不开各方对我们的鼎力支持，在此表示衷心的感谢！

参考文献

[1] IMT-2020（5G）推进组. 5G概念白皮书 [J]. 保密科学技术, 2015（02）: 72.

[2] IMT-2020（5G）推进组. 5G技术白皮书 [J]. 中国无线电, 2015（05）: 6.

[3] Rodriguez J. 5G: 开启移动网络新时代 [M]. 江甲沫, 译. 北京: 电子工业出版社, 2016.

[4] 小火车, 好多鱼. 大话5G [M]. 北京: 电子工业出版社, 2016.

[5] 朱晨鸣, 王强. 5G: 2020后的移动通信 [M]. 北京: 人民邮电出版社, 2016.

[6] 张传福. 5G移动通信系统及关键技术 [M]. 北京: 电子工业出版社, 2018.

[7] 金易. 任正非与华为神话 [M]. 北京: 中国人民大学出版社, 2018.

[8] 赛迪智库无线电管理研究所. 5G十大细分应用场景研究报告 [N]. 通信产业报, 2019-04-22（009）.

[9] OMDIA. 2020年之后: 5G未来展望 [J]. 电信工程技术与标准化, 2020, 33（12）: 68-71.

[10] 张明璐. 5G通信技术商业应用的挑战及应对策略 [J]. 财富时代, 2020（04）: 220.

[11] 赛迪智库无线管理研究所. 6G概念及愿景白皮书 [N]. 中国计算机报, 2020-05-11（008）.

[12] 赛迪智库无线电管理研究所. 5G融合应用发展白皮书 [N]. 中国计算机报, 2021-02-01（008）.

[13] 赛迪智库无线电管理研究所. 5G发展展望白皮书（2021）[N]. 中国计算机报, 2021-03-01（008）.

[14] 金峰. 三大运营商财报：2020年, 5G在爆发中起步 [J]. 通信世界, 2021（07）：19-20.

[15] 陈宇欣. 5G助力智能物流发展现状及未来探索 [J]. 中国市场, 2021（08）：149-150, 188.

[16] 吴冬升. 2021车联网产业十大趋势 [J]. 智能网联汽车, 2021（01）：62-69.

[17] 李福昌. 2021年5G发展六大趋势预测 [J]. 通信世界, 2021（01）：20-21.

[18] 黄青山. 华为5G费率彰显创新话语权 [N]. 深圳商报, 2021-03-18（A01）.

[19] 梅雅鑫. 5G专网频谱之争 [J]. 通信世界, 2021（06）：26-27.

[20] 郭浩. 5G网络设备芯片的国产化现状及展望 [J]. 通信企业管理, 2021（02）：21-25.

[21] 上海艾瑞市场咨询有限公司. 5G时代, 通信企业的变革2021年 [R]. 艾瑞咨询系列研究报告, 2021：27.